20'00

AF276398

COLEX

Disfrute gratuitamente **DURANTE UN AÑO** de los eBook y audiolibros de las obras de Editorial Colex*

Contratos mercantiles internacionales para empresas que hacen comercio exterior

⊘ Acceda a la página web de la editorial **www.colex.es**

⊘ Identifíquese con su usuario y contraseña. En caso de no disponer de una cuenta regístrese.

⊘ Acceda en el menú de usuario a la pestaña «Mis códigos» e introduzca el que aparece a continuación:

RASCAR PARA VISUALIZAR EL CÓDIGO

⊘ Una vez se valide el código, aparecerá una ventana de confirmación y su eBook y audiolibro estará disponible **durante 1 año desde su activación** en la pestaña «Mis libros» en el menú de usuario.

---

* Los audiolibros están disponibles en las ediciones más recientes de nuestras obras. Se excluyen expresamente las colecciones «Códigos comentados», «Biblioteca digital» y los productos de www.vademecumlegal.es.

No se admitirá la devolución si el código promocional ha sido manipulado y/o utilizado.

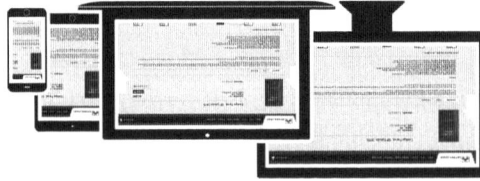

¡Gracias por confiar en Nosotros!

La obra que acaba de adquirir incluye de forma gratuita la versión electrónica.

Acceda a nuestra página web para aprovechar todas las funcionalidades de las que dispone en nuestro lector.

Funcionalidades eBook

Acceso desde cualquier dispositivo con conexión a internet

Idéntica visualización a la edición de papel

Navegación intuitiva

Tamaño del texto adaptable

Síguenos en:

CONTRATOS MERCANTILES INTERNACIONALES

PARA EMPRESAS QUE HACEN COMERCIO EXTERIOR

PUBLICACIÓN REALIZADA EN EL MARCO DE LAS AYUDAS PARA LA DIFUSIÓN DE RESULTADOS DE INVESTIGACIÓN CON ORIENTACIÓN HACIA LA TRANSFERENCIA Y EL INTERCAMBIO DE CONOCIMIENTO 2024, PROGRAMA DIFUNDE (código línea de ayuda 05-542-4-2024-0039N) DE LA UNIVERSIDAD MIGUEL HERNÁNDEZ, DE ELCHE (ALICANTE), ESPAÑA.

© Alfonso Ortega Giménez

© Editorial Colex, S.L.
Calle Costa Rica, número 5, 3.º B (local comercial)
A Coruña, C.P. 15004
info@colex.es
www.colex.es

I.S.B.N.: 978-84-1194-672-8
Depósito legal: C 1484-2024

CONTRATOS MERCANTILES INTERNACIONALES

PARA EMPRESAS QUE HACEN COMERCIO EXTERIOR

Alfonso Ortega Giménez

COLEX 2024

Sumario

NOTAS SOBRE EL AUTOR

ALFONSO ORTEGA GIMÉNEZ es **Doctor Honoris Causa en Gestión Educativa** otorgado por el Consejo Superior de la Universidad de San Lorenzo (UNISAL), en la ciudad de San Lorenzo (Paraguay), a 20 de junio de 2024. **Doctor Honoris Causa** por la Universidad Autónoma San Sebastián de San Lorenzo —USAS—, en la ciudad de San Lorenzo (Paraguay), a 6 de diciembre de 2022; **Doctor Honoris Causa** por el Instituto Interamericano de Investigación y Docencia en Derechos Humanos, en la Universidad Juárez Autónoma de Tabasco (México), 2021; **Doctor en Derecho**, 2014 (Calificación: Sobresaliente *Cum Laude* por unanimidad); Premio extraordinario de Doctorado, 2018; Licenciado en Derecho, 2000; y, **Master en Comercio Internacional** por la Universidad de Alicante, 2001.

Profesor Titular de Derecho internacional privado en la Universidad Miguel Hernández de Elche. **Director del Observatorio Provincial de la Inmigración de Alicante.** **Vicedecano de Grado en Derecho de la Facultad de Ciencias Sociales y Jurídicas de Elche.** **Director del Máster Universitario en Abogacía de la Universidad Miguel Hernández (UMH) de Elche,** desde el curso académico 2021/2022. **Director de la Cátedra de Relaciones Privadas Internacionales UMH-ICAO de la Universidad Miguel Hernández de Elche,** desde marzo de 2022. También es **Magistrado Suplente de la Audiencia Provincial de Castellón** (según Acuerdo de 11 de agosto de 2022, de la Comisión Permanente del Consejo General del Poder Judicial, por el que se resuelve el concurso para provisión de plazas de Magistrado/a suplente y de Juez/a sustituto/a en el año 2022/2023, en el ámbito de los Tribunales Superiores de Justicia de Andalucía, Ceuta y Melilla, Aragón, Principado de Asturias, Illes Balears, Canarias, Cantabria, Castilla y León, Castilla-La Mancha, Cataluña, Comunidad Valenciana, Extremadura, Galicia, Comunidad de Madrid, Región de Murcia, Comunidad Foral de Navarra, País Vasco y La Rioja, convocado por Acuerdo de 17 de marzo de 2022), publicado en el BOE número 205, Sección II.A., página 120569, de fecha viernes, 26 de agosto de 2022; **Académico de Honor de la Academia Internacional de Ciencias, Tecnología, Educación y Humanidades**, desde 2018; **Vocal del Observatorio Valenciano de la Inmigración** (Resolución de 09 de abril de 2010, del Presidente del Observatorio Valenciano de la Inmigración, Conseller de Solidaritat y Ciudadania de la Generalitat Valenciana); **Docente homologado, con carácter definitivo, por ICEX España Exportación e Inversiones**, en Madrid (España), a fecha 29 de mayo de 2024; y, **Profesor en el Programa de Doctorado en Creación Artística de la Universidad Miguel Hernández de Elche**, impartido en la Facultad de Bellas Artes de Altea, desde el año 2024.

Es Consultor de Derecho internacional privado de la Universitat Oberta de Catalunya (UOC), desde el segundo semestre del curso académico 2008/2009, y **Consejero académico del despacho de Abogados ARA Y ASOCIADOS, con sede principal en Alicante y oficinas en Murcia, Madrid y Beijing (China) y de la Asesoría GRUPO ASESOR ROS, con sede en Elche.**

Tiene **reconocidos por la CNEAI tres Sexenios de Investigación** correspondientes al **tramo 2002-2007** (Fecha concesión: 23/10/19), al **tramo 2009-2017** (Fecha concesión: 21/06/18), al **tramo 2018-2023** (Fecha concesión: 09/05/2024) y al **tramo 2018-2023** (Fecha concesión: 9/05/24). Reconocido también, en su día, un Sexenio de Investigación correspondiente al tramo 2010-2016 por la AVAP (Fecha concesión: 18/01/18).

Miembro de la Asociación para la Docencia e Innovación en Derecho (Ludoteca Jurídica), desde julio de 2021. Miembro de la Asociación de Política Exterior Española. Miembro de la Asociación de Derecho del Arte (ADA). Miembro de Número del Capítulo Reino de España, otorgado por la Academia Norte-Americana de Literatura Moderna Internacional y por la Junta Directiva del Estado de New Jersey (EE. UU.). Miembro del ELI *(European Law Institute)*. Miembro de la Red Española de Política Social —REPS—. Miembro de la Sociedad Latinoamericana de Derecho Internacional —SLADI—. Miembro de la Asociación Americana de Derecho Internacional Privado —ASADIP—. Miembro de número de la Asociación Española de Profesores de Derecho Internacional y Relaciones Internacionales —AEPDIRI—; Miembro de la Asociación Española para el Fomento de la Seguridad de la Información —ISMS Forum Spain—; Ha sido Vicepresidente de la Asociación del Master en Comercio Internacional de la Universidad de Alicante —AMCI— hasta julio 2018; Miembro de la Asociación Española para el Estudio del Derecho Europeo —AEDEUR—; Miembro de la Asociación Castellano-Manchega de Sociología —ACMS—. Miembro de la Asociación Española de Derecho del Entretenimiento —DENAE—. Miembro del Instituto de Derecho Iberoamericano —IDIBE—.

Ha recibido numerosos premios en docencia e investigación: Visitante ilustre por su honorable visita de impacto previsto en la comunidad de la Universidad de San Lorenzo (UNISAL), en Paraguay, a 21 de junio de 2024. Mención de reconocimiento DOCENTE DESTACADO por su loable, abnegada e inspiradora trayectoria como docente en Educación Superior trascendiendo en su andar como ejemplo de calidad educativa, en la Universidad de San Lorenzo (UNISAL), Paraguay, a 19 de junio de 2024. Premio UMH al Talento Docente para el año 2023, dentro de la rama académica de CIENCIAS SOCIALES, JURIDICAS Y HUMANIDADES por Resolución Rectoral N.º 03610/2023, de fecha 04 de diciembre de 2023, según las bases para la concesión de los Premios al Talento Docente en el marco del PROGRAMA DOCENTIA-UMH, aprobadas por Consejo de Gobierno de la Universidad Miguel Hernández de Elche en sesión de 25 de enero de 2023, en Elche, a 4 de diciembre de 2023. Certificado de calidad docente EXCELENTE, valoración final obtenida en el proceso de evaluación de las actividades docentes desarrolladas en el periodo curso inicial 2018/2019 - curso final 2021/2022, realizado de acuerdo con los criterios y procedimientos establecidos en el PROGAMA DOCENTIA-UMH, evaluado positivamente por la ANECA, con fecha 27 de febrero de 2013, en la Universidad Miguel Hernández de Elche, a 30 de noviembre de 2023. Visitante Ilustre de la Universidad San Lorenzo (UNISAL), otorgado por el Consejo Académico mediante Resolución N.º 110/2022-CSU, en Paraguay, a 5 de diciembre de 2022. Premio «INSTITUTO VASCO DE DERECHO PROCESAL» de Artículos Doctrinales sobre el fomento del estudio del Derecho Procesal, en su XII Edición por el trabajo inédito titulado «Resolución de problemas de competencia judicial internacional y de determinación de la ley aplicable en materia de derechos reales en España», en San Sebastián (País Vasco), 11 de octubre de 2022. Premio en la convocatoria de «Premios UMH al Talento Docente» para el año 2021, dentro de la rama académica de Ciencias Sociales, Jurídicas y Humanidades, por Resolución Rectoral n.º 04858/21, de fecha 23 de noviembre de 2021, en el marco del PROGRAMA DOCENTIA-UMH, aprobadas por el Consejo de Gobierno de la Universidad Miguel Hernández de Elche, en sesión de 14 de diciembre de 2020, en Elche, a 02 de diciembre de 2021. Ganador *ex-aequo* en la categoría «Aula responde» del XVIII del Certamen Innova-Emprende de la Universidad Miguel Hernández de Elche, en Elche, a 1 de julio de 2021. Premio en el I Certamen de Artículos Jurídicos Breves del Derecho del Entretenimiento y Tecnologías de la información, organizado por la Asociación Española de Derecho del Entretenimiento —DENAE—, por el artículo «Los "contratos inteligentes" (Smart Contracts) ni son "contratos" ni son "inteligentes"», en Madrid, a 24 de junio de 2020. Premio «Instituto Vasco de Derecho Procesal» en su IX Edición, por el trabajo La alegación y prueba del Derecho extranjero tras la nueva Ley de Cooperación Jurídica Internacional, en Donostia - San Sebastián, a 29 de noviembre de 2019. Cruz al Mérito, en virtud de su destacada y meritoria labor académica y científica profesional, acordado por la Junta de Gobierno de la Academia Internacional de Ciencias, Tecnología, Educación y Humanidades, en Valencia, a 9 de noviembre de 2019. Reconocimiento al Mérito Universitario, en virtud de su destacada y meritoria labor académica y científica profesional, acordado por la Junta de Gobierno de la Academia Internacional de Ciencias, Tecnología, Educación y Humanidades, en Valencia, a 9 de noviembre de 2019. Premio a la excelencia en la práctica jurídica de Economist & Jurist, en Madrid, 3 de diciembre de 2018. Premio UMH 2018 a la Productividad Investigadora, otorgado por el Vicerrector de Investigación e Innovación de la Universidad Miguel Hernández de Elche. Premio UMH 2017 a la Productividad Investigadora, otorgado por el Consejo de Gobierno de la Universidad Miguel Hernández de Elche. Premio «Investigación» en la modalidad de «Jóvenes Investigadores» 2017. Premio UMH al Talento Docente 2017. Premio «Investigación» en la modalidad de «Jóvenes Investigadores» 2016. Premio UMH 2016 a la Productividad Investigadora. Premio a la excelencia en la Práctica Jurídica de ISDE 2016. Premio Joven Investigador por el Consejo Social de la Universidad Miguel Hernández de Elche (XII edición). Premio al profesional de Comercio exterior del año 2016, otorgado por la Asociación Española de Profesionales de Comercio Exterior a las empresas (ACO-CEX) y BANKIA. Premio «INSTITUTO VASCO DE DERECHO PROCESAL» en su V Edición (Premio de Artículos Doctrinales sobre el fomento del estudio del Derecho Procesal), en el año 2015. Premio UMH 2015 a la productividad investigadora. Premio UMH 2014 a la productividad investigadora. Premio Santander al mejor Ensayo Corto convocado por la Red Cátedra Santander de Responsabilidad Social Corporativa (Convocatoria 2015). Primer accésit de la XII edición del Premio de Ensayo Breve de la Asociación Castellano-Manchega de Sociología «Fermín Caballero»; V Premio Jurídico Internacional Instituto Superior de Derecho y Economía (ISDE); Accésit en la categoría de «Investigación» de la XVIII edición de los «Premios de Protección de Datos 2014» de la Agencia Española de Protección de Datos. Búho de oro al mejor profesor del Curso 2013/2014 de la Escuela Superior de Marketing (ESUMA). Premio UMH al Talento Docente, años 2014, 2017 y 2019.

Ponente habitual en numerosos cursos organizados en España y en el extranjero en materia de Derecho internacional privado, Derecho de la nacionalidad, Derecho de extranjería, Derecho del comercio internacional, Contratación internacional y Protección de datos de carácter personal, entre otros. Ha dirigido infinidad de TFG y TFM y cuatro Tesis doctorales.

Autor de diferentes artículos, notas, recensiones y comentarios relacionados con dichas materias publicados en Revistas científicas, técnicas y de divulgación, españolas y extranjeras; ha participado, como autor, coautor, director y/o coordinador en casi 250 libros.

alfonso.ortega@umh.es

PRESENTACIÓN

En un mundo cada vez más globalizado, la internacionalización empresarial se ha convertido en una clave de supervivencia, no solo para las grandes empresas sino también para muchas pymes; el objetivo es continuar creciendo cuando el espacio doméstico se queda pequeño y es preciso ampliar horizontes; en otras ocasiones, el motivo es la necesidad de seguir a los clientes allá donde vayan, y evitar así que algunos de nuestros competidores se crucen en el camino.

Esta internacionalización exige ciertos conocimientos acerca de los riesgos jurídicos que plantea cualquier operación comercial en ese ámbito global. Por regla general, toda operación comercial internacional quedará plasmada en un contrato; pues bien, la negociación de ese contrato planteará una serie de complejidades, derivadas de las obligaciones exigidas por los instrumentos jurídicos existentes en la materia, que las partes deberán conocer y saber gestionar.

La evolución experimentada por la práctica de la contratación mercantil internacional es consecuencia de la generalización de la actividad exportadora e importadora de nuestras pymes. La necesidad de materializar las transacciones comerciales internacionales en un documento —el contrato internacional—, a modo de recordatorio de los derechos y obligaciones de las partes contratantes, ha colocado a la contratación internacional en un lugar privilegiado en el nuevo escenario de la globalización.

La contratación mercantil internacional está adquiriendo cada día mayor pujanza; los vínculos entre los operadores comerciales internacionales son cada vez más complicados, a causa de la regulación contractual a través de medios tecnológicos y la complejidad financiera del mundo de las divisas. Así las cosas, los objetivos que se persiguen con este estudio son múltiples: no solo es necesario entender los aspectos jurídicos de la contratación internacional, conocer las leyes y convenios que condicionan esos contratos, sino también entender los aspectos principales a tener en cuenta a la hora de establecer uno de estos contratos, y conocer los problemas que pueden surgir en este tipo de contratación.

En origen, los contratos nacen desde el momento en que la sociedad alcanza tal nivel de desarrollo que los individuos necesitan: a) por un lado, prever los problemas buscando soluciones *a priori*; y, b) por otro, dejar constancia de su compromiso.

En este contexto, podemos entender por *contrato* todo acuerdo de voluntades suscrito entre las partes con la finalidad de realizar una transacción comercial. Un contrato merecerá el calificativo de *internacional* cuando no sea doméstico, esto es, cuando la relación jurídica que se deriva de él trascienda los límites del tráfico jurídico privado interno, y se encuentre conectada con más de un ordenamiento jurídico estatal; por consiguiente, cuando en esa relación jurídica esté presente algún elemento de los llamados de «extranjería», ya sea objetivo (p. ej., la firma del contrato en un país extranjero) o subjetivo (p. ej., la nacionalidad, el domicilio o la residencia habitual en un país extranjero de cualquiera de las partes contratantes), podemos hablar de un *contrato internacional*.

En definitiva, el contrato mercantil internacional es un «pacto de caballeros», esto es, una fuente de obligaciones para las partes contratantes —que pueden ser personas físicas o jurídicas—; ya que un contrato liga a las partes y a quienes traen causa de ellas, y los derechos y obligaciones son tan solo de ellas, y de nadie más. En principio, y salvo, por ejemplo, lo previsto en la legislación fiscal, ningún tercero puede invocar ese contrato en su propio beneficio o en contra de alguna de las partes contratantes.

La idea de *Contrataos mercantiles internacionales para empresas que hacen comercio exterior* es ofrecer los modelos más frecuentes de contratos mercantiles internacionales que empresas y profesionales del mundo del comercio internacional se puedan encontrar (compraventa internacional de mercaderías, agencia comercial internacional, concesión o distribución comercial internacional, franquicia comercial internacional y *joint venture* internacional). Además, se acompañan otros modelos de contratos mercantiles internacionales (investigación y desarrollo internacional, licencia de uso de marca y licencia de uso de *software*) que, también, pueden resultarle interesantes. Al final del trabajo se acompaña bibliografía consultada y recomendada.

1.

EL CONTRATO DE COMPRAVENTA INTERNACIONAL DE MERCADERÍAS

Como es sabido, toda operación comercial internacional gira en torno a lo contratado. Es en este contexto donde el *contrato de compraventa internacional de mercaderías* se articula como la modalidad contractual más antigua, prototipo de los actos de comercio internacional. Mediante el mismo, las partes contratantes —vendedor y comprador— acuerdan una compraventa de mercaderías y fijan los términos de la misma en un documento privado —ya sea una orden de pedido, una factura *pro forma* o un contrato—, de forma que para modificar cualquiera de las condiciones pactadas es necesaria la conformidad de ambas partes contratantes.

Es evidente que el *contrato de compraventa internacional de mercaderías* —como herramienta contractual transmisora de la confianza entre las partes— es el que más claramente y mejor refleja la función del tráfico mercantil internacional: comerciar es, por antonomasia, comprar y revender con ánimo de lucro. La importancia de esta modalidad contractual se aprecia en el hecho de que, desde siempre, se ha presentado como una guía jurídica para el desarrollo de la actividad profesional internacional de los comerciantes.

Su complejidad se ve acrecentada por la existencia, a efectos de su regulación, de una pluralidad de ordenamientos jurídicos nacionales, que pueden incorporar soluciones diferenciadas respecto de muchos de los aspectos del mismo.

Por el contrato de *compraventa internacional de mercaderías*, uno de los contratantes —denominado «vendedor»— se obliga a entregar una cosa determinada, y el otro —denominado «comprador»— a pagar por ella un precio cierto en dinero o signo que lo represente. Se trata de la realización de una transacción mercantil, de una operación comercial, que requiere: a) ánimo de lucro; b) profesionalidad; c) habitualidad; y d) permanencia.

En este sentido, según el Convenio de Viena de 1980 sobre los contratos de compraventa internacional de mercaderías, el contrato se forma por: a) la recepción de la aceptación a una oferta; b) la realización de un acto relativo a la expedición de la mercancía; y c) el pago del precio.

El referido contrato es una de las modalidades más usadas en la práctica del comercio internacional. La Organización de las Naciones Unidas (ONU) propició un marco jurídico de obligada referencia: el mencionado Convenio de Viena de 1980 sobre los contratos de compraventa internacional de mercaderías, instrumento jurídico que regula la formación del contrato de compraventa, los derechos y las obligaciones de las partes.

Se trata de un texto impreso con las condiciones generales y particulares de la compraventa, y es especialmente útil para las pymes que se dediquen a la actividad comercial internacional. Contiene las características de la transacción comercial, e incluye, entre otros asuntos, las especificaciones técnicas, las condiciones de entrega y los términos de pago pactados.

Es recomendable que toda negociación comercial internacional se formalice preferentemente por escrito, aunque esto no es lo habitual en el comercio internacional, debido a la celeridad que lo caracteriza. En este sentido, los contratos «más complejos» —bien por la dificultad a la hora de alcanzar el consenso entre las partes, o por el propio objeto contractual—, se elaboran habitualmente en una primera fase de preparación o negociación comercial, para formalizarse después, en una segunda fase, tras una redacción cuidadosa, y atendiendo a las condiciones pactadas por las partes; mientras que los contratos «menos complejos» —bien porque la operación sea repetitiva, o por el consenso ya alcanzado por las partes— no requieren este proceso, y la mayoría de las veces se circunscriben a la factura pro forma confirmada por el comprador.

A continuación, se acompañan los modelos de contrato de compraventa internacional de mercaderías y modelo de condiciones generales de venta y garantía.

Modelo de contrato de compraventa internacional de mercaderías

(**Advertencia**: este modelo de contrato se acompaña a título meramente ilustrativo ya que, para la correcta formalización de un Contrato de compraventa internacional de mercaderías, como para la de cualquier otro, se recomienda contar con el asesoramiento de un especialista en la materia).

CONTRATO DE COMPRAVENTA INTERNACIONAL DE MERCADERÍAS ENTRE

....

Y

....

REUNIDOS

De una parte, **D./DÑA.** ...., en nombre propio y en representación de la mercantil ...., con domicilio social en ...., ..., ...
(............)..............., provisto de C.I.F número ...., actuando como **VENDEDOR**.

De otra, **D./DÑA.** ...., en nombre y en representación de la mercantil ...., con domicilio en ...., provisto de C.I.F número ...., actuando como **COMPRADOR**.

EXPONEN

Ambas partes comparecen gozando de la necesaria capacidad jurídica y de obrar para el otorgamiento del presente **CONTRATO DE COMPRAVENTA INTERNACIONAL DE MERCADERÍAS**, excluyéndose expresamente el carácter laboral, y de acuerdo con las siguientes:

CLÁUSULAS

PRIMERA.- OBJETO DEL CONTRATO. El objeto de este Contrato consiste en la COMPRAVENTA de los productos recogidos en el **ANEXO I** del presente Contrato (en lo sucesivo «PRODUCTOS»).

SEGUNDA.- PRECIO DE VENTA DE LOS PRODUCTOS. El precio de los PRODUCTOS, objeto de este Contrato que el **COMPRADOR** se compromete a pagar, será la cantidad de .... acordada por ambas partes, en condiciones ...., ... INCOTERMS ....

El **VENDEDOR** deberá entregar la mercancía al transportista, según el modo previsto por el término comercial señalado, como máximo antes del día pactado, no respondiendo de los perjuicios que pudieran ocasionarse al **COMPRADOR** como consecuencia de demoras en la llegada de dicha mercancía a destino, salvo que tales demoras se hubiesen motivado por causas imputables al **VENDEDOR**, produciendo incumplimiento del plazo de entrega indicado y no pudiera acreditar el **VENDEDOR** causa justificada alguna que hubiese ocasionado dicho retraso.

Los plazos señalados podrán ser modificados por las partes cuando concurran causas de fuerza mayor o circunstancias imprevistas que no hubieran podido preverse y que hagan imposible el cumplimiento de los plazos de entrega señalados.

Si a la llegada de la mercancía a destino, el **COMPRADOR** no se hiciera cargo de la misma, el **VENDEDOR** podrá exigir el cumplimiento del presente Contrato, y a que se efectúe el pago del precio convenido.

TERCERA.- TÉRMINOS DE PAGO. El pago de la mercancía, se realizará de la forma siguiente:

1. Un.... % del total, por......

2. Un.... % del total, por......

Mediante transferencia bancaria a la cuenta indicada por la parte vendedora.

CUARTA.- CONDICIONES DE ADQUISICIÓN DEL PRODUCTO POR PARTE DEL COMPRADOR. El **VENDEDOR** se obliga a entregar los PRODUCTOS a los que se refiere este Contrato dentro de los............ días, contados a partir de la fecha de confirmación por escrito del pedido y convenido el sistema de pago previsto en la **CLÁUSULA TERCERA**.

Las fechas de entrega son orientativas, éstas podrán adelantarse o atrasarse en función de las necesidades del **COMPRADOR** siempre que ello sea posible. Llegado el momento de entrega de la mercancía, el **VENDEDOR** contactará con el **COMPRADOR** para pedir su confirmación; y, en caso de que el **COMPRADOR** necesite adelantarlas, deberá contactar con el **VENDEDOR** con, al menos, 15 días de antelación con el fin de comprobar por el **VENDEDOR** la posibilidad de adelantar la fecha de entrega. Las fechas de entrega de los PRODUCTOS objeto del presente Contrato vienen referidas a la fecha en la que los PRODUCTOS estarán listos para salida de fábrica.

Toda la documentación e informes de gestión del **VENDEDOR** (Albaranes, Etiquetas identificativas de producto, etc.), llevan su imagen corporativa, a no ser que se reciban instrucciones por escrito del **COMPRADOR**, quien, actuando como empresa o agencia de promociones intermediaria entre el **VENDEDOR** y el destinatario final del PRODUCTO, solicite ocultar la identificación del **VENDEDOR**.

QUINTA.- DURACIÓN DEL CONTRATO. Ambas partes convienen que una vez el VENDEDOR haya entregado la totalidad de los PRODUCTOS convenidos en la CLÁUSULA PRIMERA, y el COMPRADOR haya cumplido con cada una de las obligaciones estipuladas en el presente Contrato, se da por terminado.

SEXTA.- RESOLUCIÓN DEL CONTRATO. Ambas partes podrán rescindir este Contrato en caso de que una de ellas incumpla sus obligaciones y se abstenga de tomar medidas necesarias para reparar el incumplimiento dentro de los 30 días siguientes al aviso, notificación o requerimiento que la otra parte le haga en el sentido de que proceda a reparar el incumplimiento de que se trate. La parte que ejercite su derecho a la rescisión deberá dar aviso a la otra, cumplido el término a que se refiere el inciso anterior.

SÉPTIMA.- INSOLVENCIA PATRIMONIAL. Ambas partes podrán dar por terminado el presente Contrato, en forma anticipada y sin necesidad de declaración judicial previa, en caso de que una de ellas fuere declarada en quiebra, suspensión de pagos, concurso de acreedores o cualquier otro tipo de insolvencia patrimonial.

OCTAVA.- SUBSISTENCIA DE LAS OBLIGACIONES. La rescisión o terminación de este Contrato no afecta de manera alguna a la validez y exigibilidad de las obligaciones contraídas con anterioridad, o de aquellas ya formadas que, por su naturaleza o disposición de la ley, o por voluntad de las partes, deben diferirse a fecha posterior, en consecuencia, las partes podrán exigir, aún con posterioridad a la rescisión o terminación del Contrato, el cumplimiento de estas obligaciones.

NOVENA.- CESIÓN DE DERECHOS Y OBLIGACIONES. Ninguna de las partes podrá ceder o transferir total o parcialmente los derechos ni las obligaciones derivadas de este Contrato, salvo acuerdo establecido por escrito previamente.

DÉCIMA.- CUMPLIMIENTO DEL CONTRATO. El presente Contrato entrará en vigor el mismo día de su firma. Se establecen como únicas condiciones de previo cumplimiento a la entrada en vigor las siguientes:

a) Haber satisfecho el **COMPRADOR** el pago anticipado.

b) Haber obtenido el **VENDEDOR** los correspondientes documentos para formalizar la exportación ante las autoridades competentes de su país.

c) Haber obtenido el **COMPRADOR** los correspondientes documentos para formalizar la importación ante las autoridades competentes de su país.

UNDÉCIMA.- RELACIÓN ENTRE LAS PARTES. Las partes contratantes son totalmente independientes. Por lo tanto, no existe ninguna relación laboral entre ellas, existiendo únicamente entre ellas una relación exclusivamente mercantil y quedando entendido que ambas son responsables frente a terceros de sus actos. Por ello, ninguna de las partes tiene responsabilidad, derechos u obligaciones respecto de los trabajadores, empleados y demás personal que la otra parte tiene contratado o contrate para el cumplimento de sus obligaciones derivadas del objeto de este Contrato, por lo que cada una de las Partes actuará siempre como un empresario independiente, manteniendo el completo control de su personal y de las operaciones para el cumplimiento de sus obligaciones y, como tal, pagará todos los salarios, sueldos y gastos, impuestos y cualesquiera otras cargas, costes y sanciones laborales, fiscales y de Seguridad Social y de cualquier otra naturaleza en relación con su personal, representantes y agentes.

DUODÉCIMA.- DERECHOS DE PROPIEDAD INTELECTUAL. El **COMPRADOR** reconoce ser propietario de los diseños que, en su caso, pueda suministrar a la mercantil vendedora para la impresión de sus artículos.

DECIMOTERCERA.- CONFIDENCIALIDAD. Las partes se comprometen a mantener bajo secreto y a mantener confidencialidad durante la vigencia del presente Contrato y con posterioridad al mismo, toda información obtenida en el contexto del mismo, entendiéndose por información confidencial, el contenido del presente Contrato y sus ANEXOS, y toda la información o documentos relativos a las operaciones realizadas en virtud del presente Contrato o al *know-how*, que cualquiera de las partes hubiera podido conocer de la otra en virtud del presente Contrato, sus anexos y sus posibles renovaciones.

DECIMOCUARTA.- IMPUESTOS Y GASTOS. Cuantos, impuestos, gastos, derechos y/o arbitrios de cualquier clase de Administración Pública puedan devengarse con ocasión del presente Contrato y/o del ejercicio de las actividades encomendadas y/o derivadas del mismo serán satisfechas por las partes con arreglo a la Ley.

DECIMOQUINTA.- NOTIFICACIONES. Cualquier notificación requerida bajo el presente Contrato deberá hacerse por escrito, mediante fax, correo certificado, correo electrónico, o comunicación escrita privada siempre que se asegure la constancia del envío y recepción, dirigida a las direcciones que se señalan en el presente Contrato. Cada parte podrá, mediante notificación a la otra, cambiar su domicilio para recibir dichas notificaciones.

DECIMOSEXTA.- CONTENIDO ÍNTEGRO. Las partes acuerdan que el presente Contrato constituye la expresión completa y exclusiva de lo convenido entre ambas y que sustituyen cualquier contrato y acuerdos anteriores, caso de haberlos, de forma y manera que el presente documento se convierte en la única y vigente manifestación de sus voluntades recíprocas, sin perjuicio de aplicación supletoria de las normas generales del ordenamiento jurídico español para los casos no contemplados expresamente en el presente Contrato.

Si cualquiera de sus cláusulas deviniera ilegal o no resultara procedente, será tenida por no puesta, sin que ello invalide o afecte en forma alguna a las restantes cláusulas y sin perjuicio de la voluntad de las partes de subsanar las cláusulas que resultaren prohibidas o no legalmente exigibles.

DECIMOSÉPTIMA.- ANEXOS. Todos los ANEXOS del presente Contrato, así como todos los suscritos en el marco del mismo, se considerarán en todo su contenido, como parte integrante del Contrato a todos los efectos.

DECIMOCTAVA.- RESOLUCIÓN DE CONTROVERSIAS Y DETERMINACIÓN DE LA LEY APLICABLE. En caso de discrepancia en torno a la validez, ejecución, o interpretación de este Contrato las partes se comprometen a resolverlo de forma amistosa. No obstante, en el caso que las partes no lleguen a un acuerdo mediante negociación, las partes intervinientes acuerdan que todo litigio, discrepancia, cuestión o reclamación resultantes de la ejecución o interpretación del presente Contrato o relacionados con él, directa o indirectamente, se resolverán definitivamente mediante arbitraje en el marco de la Corte de Arbitraje de ...., con sede en la Cámara Oficial de Comercio, Industria y Navegación de .... (España), a la que se encomienda la administración del arbitraje y la designación de los árbitros, de acuerdo con su Reglamento y Estatutos, que resolverá aplicando la ley española.

DECIMONOVENA.- MODIFICACIONES. Los términos del presente Contrato no podrán ser alterados, renunciados o modificados ni cancelados, excepto por declaración expresa por escrito de las partes contratantes. Además, las partes manifiestan que no existen declaraciones, ni compromisos verbales o escritos que no hayan sido incorporados al presente Contrato.

VIGÉSIMA.- PROTECCIÓN DE DATOS DE CARÁCTER PERSONAL. .... en cumplimiento del Reglamento (UE) 2016/679 del Parlamento Europeo y del Consejo, de 27 de abril de 2016, relativo a la protección de las personas físicas en lo que respecta al tratamiento de datos personales y a la libre circulación de estos datos y por el que se deroga la Directiva 95/46/CE (RGPD), de la Ley Orgánica 3/2018, de 5 de diciembre, de Protección de Datos Personales y garantía de los derechos digitales (LOPDGDD); y de la Ley 34/2002, de 11 de julio, de servicios de la sociedad de la información y de comercio electrónico (LSSICE), le informa de que sus datos de carácter personal se incluirán en ficheros de titularidad de ...., cuya finalidad es la gestión de proveedores, clientes, realización de los servicios contratados, seguimiento comercial de clientes y otras acciones de comunicación comercial.

.... no cederá sus datos a terceros salvo requerimiento y exigencia legal o exigencia como consecuencia de la relación jurídica. Igualmente, ... le informa que no tiene previsto transferir sus datos a un tercer país u organización internacional.

No obstante, podrá, en todo momento, ejercitar su derecho al acceso de sus datos personales, su rectificación o supresión, a la limitación de su tratamiento, así como el derecho a la portabilidad de los datos, en la forma legalmente prevista; esto es, mediante comunicación remitida a .... en la dirección de correo electrónico ...., adjuntando copia de su DNI/NIE/PASAPORTE.

Los datos se conservarán durante el tiempo que se mantenga la colaboración, salvo que ejercite sus derechos de control y, después, por el tiempo necesario para el cumplimiento de cualquier obligación legal o derivada de la relación jurídica preexistente.

Y, en prueba de conformidad con todo lo establecido en el presente Contrato, ambas partes lo firman en dos ejemplares, en .... (.................) ESPAÑA, a .... de ..... de 202....

EL VENDEDOR   EL COMPRADOR

....

....

Anexo I: productos objeto del presente contrato

Modelo de condiciones generales de venta y garantía

(**Advertencia**: este modelo de condiciones se acompaña a título meramente ilustrativo ya que, para la correcta formalización de unas Condiciones generales de venta y garantía, como para la de cualquier otro, se recomienda contar con el asesoramiento de un especialista en la materia).

CONDICIONES GENERALES DE VENTA Y GARANTÍA DE LA EMPRESA ....

1. ALCANCE:

Las operaciones comerciales que recaigan sobre Productos de .... están sujetas a las siguientes Condiciones Generales de Venta y Garantía, que se reflejarán en las correspondientes confirmaciones de pedido, conteniéndose, además, en las facturas comerciales de Productos de ...., una remisión expresa a las siguientes Condiciones Generales de Venta y Garantía:

2. ÓRDENES:

Los pedidos se aceptarán por escrito, correo electrónico o teléfono, y sólo serán vinculantes una vez aceptados por .... mediante confirmación del pedido por cualquiera de los medios de comunicación antes descritos. El Cliente debe verificar la confirmación del pedido y notificarnos, inmediatamente, por escrito, cualquier error. En caso contrario, la descripción del Producto en la confirmación del pedido pasará a integrar este Contrato y será vinculatoria para las partes.

Los pedidos estarán sujetos a la disponibilidad y aceptación por parte de ...., el cual, podrá rechazar el pedido en cualquier momento y a su exclusiva elección. Los presupuestos, u ofertas económicas, sólo serán válidos por escrito y durante el plazo que en ellos se indique. De no indicarse ningún plazo, éste será de 30 días.

3. PRECIOS Y TÉRMINOS DE PAGO:

El precio de los Productos será el precio establecido en la Oferta. El pago se realizará en la cuenta bancaria designada por escrito por .... No obstante, ... se reserva el derecho de interrumpir el suministro si se ha incumplido con cualquiera de los compromisos de pago adquiridos. El lugar de entrega se indica en la confirmación del pedido.

.... se reserva su derecho a la propiedad sobre el Producto en caso de falta de pago total o parcial del pedido. Si el Cliente rechaza la entrega sin la previa aprobación de ...., los gastos o daños resultantes correrán por su cuenta, incluyendo el almacenamiento, hasta su aceptación. Del mismo modo, ... no asumirá responsabilidad por retrasos en la entrega de la mercancía que se deriven de la falta de autorización por parte del banco.

.... también se reserva el derecho de interrumpir el/los servicio/s prestado/s al Cliente si éste ha incumplido con cualquiera de los compromisos de pago adquiridos; dicha falta de pago le permitirá a .... reclamarle al Cliente la correspondiente indemnización por daños y perjuicios, conforme a lo previsto en los **artículos 45 a 52 de la Convención de Viena del año 1980** sobre compraventa internacional de mercaderías; reservándose ...., además, el derecho a reclamar, otras cantidades que satisfagan el valor de la pérdida sufrida por el incumplimiento (daño emergente) y el de la ganancia dejada de obtener como consecuencia de su incumplimiento (lucro cesante), así como por otros perjuicios ocasionados consecuencia de su incumplimiento contractual.

4. ENTREGA:

Salvo pacto en contrario, todos los Productos se enviarán desde los almacenes de .... y las devoluciones deberán de realizarse a este mismo lugar.

La entrega se realizará dentro del plazo aproximado indicado por ...., **considerándose esta fecha como la de finalización de la fabricación**. Dichos plazos son indicativos, no estarán garantizados ni son vinculantes.

La entrega de la mercancía se realizará a la empresa de transporte, la cual, será designada por .... o por el Cliente. En el supuesto de que la empresa de transporte sea designada por .... quedará prohibida la subcontratación del transporte, de conformidad con lo establecido en el **Capítulo VI** de la **Ley**

15/2009, de 11 de noviembre, del contrato de transporte terrestre de mercancías.

.... no se hará responsable de los gastos ocasionados por el incumplimiento de la fecha de entrega. Tanto la propiedad como el riesgo de daño y/o pérdida de los Productos pasarán al Cliente en el momento en que .... haya puestos los Productos en manos del trasportista o del propio Cliente. Dicha operación comercial internacional queda sujeta a la correspondiente cobertura de riesgo del Cliente.

Del mismo modo, ... no asumirá ninguna responsabilidad por cualquier pérdida o daños en que el Cliente pueda incurrir en caso de producirse un retraso inevitable en la entrega. La titularidad y el riesgo de pérdida relativos a los Productos se transmitirán al Cliente en el momento de la entrega.

5. DEVOLUCIONES Y/O CAMBIOS:

El Cliente indicará su disconformidad, si la hubiere, en el plazo de 14 días naturales desde la recepción del Producto, mediante comunicación escrita dirigida a .... especificando los motivos y/o naturaleza de la misma.

Tras la verificación de que dicho Producto se encuentra en perfecto estado, la confirmación del abono se efectuará en un plazo máximo de 30 días, a partir de la recepción del Producto en su tienda de origen o en el almacén de ....

6. GARANTÍA:

De conformidad con lo estipulado en el **artículo 123.1 del Real Decreto Legislativo 1/2007, de 16 de noviembre, por el que se aprueba el texto refundido de la Ley General para la Defensa de los Consumidores y Usuarios y otras leyes complementarias,** .... responderá de las faltas que se manifiesten en el Producto en un plazo de **dos años desde la entrega** del mismo. No obstante, dicha garantía no será válida por los daños externos ocasionados al Producto por cualquier causa, desgaste por uso del mismo, ni en el supuesto de que el Cliente no dispusiera de la factura de compra.

7. UTILIZACIÓN DE LAS MARCAS, IMÁGENES, LOGOTIPOS Y SIGNOS DISTINTIVOS:

La utilización de material protegido por el derecho de propiedad intelectual, del cual .... es titular, por parte del Comprador («Autorizado» a su uso), es decir: nombres comerciales, logotipos, nombres de productos, nombres de dominio y otros signos empleados en publicidad, redes sociales, páginas web, así como en Internet en general, deberá respetar las prescripciones del Ordenamiento Jurídico relacionadas con el disfrute de uso. En ningún caso podrá el Autorizado modificar el aspecto, la estructura o contenido de los elementos objeto de autorización ni añadir otros elementos, siguiendo con las directrices que se establezcan desde la dirección de ...., su incumplimiento podrá servir de base para la imposición de una penalización.

El Autorizado sólo podrá usar los elementos autorizados de manera que no ponga en peligro la reputación o la imagen de .... en caso de que exista riesgo .... podrá retirar en cualquier momento la autorización de su uso. Las marcas, imágenes, logotipos y signos y otras señales distintivas identificando los Productos fabricados o comercializados por ...., serán registrados de acuerdo con las disposiciones legales en materia de propiedad intelectual, y a las leyes y Reglamentos en vigor.

.... autoriza la utilización de las marcas, imágenes, logotipos y signos distintivos vinculados a los Productos fabricados o comercializados por el Autorizado durante la duración de este y sólo a los únicos efectos de identificar y promocionar los Productos exclusivamente dentro de los límites del objeto de éste y en beneficio del Concedente. El Autorizado se obliga a velar por la protección de la marca, el logotipo, el signo y las señales distintivas y a aplicar las acciones necesarias para la efectiva protección.

El Autorizado reconoce que el uso que se le concede, según las presentes Condiciones Generales de Venta, la marca, el signo y el material fotográfico y/o audiovisual, no le confieren ningún derecho de propiedad sobre las mismas. El Autorizado se obliga a usar pacíficamente las marcas, logotipos, signos y el material fotográfico y/o audiovisual de ...., y podrá utilizar todos los nombres de marca en toda la publicidad u otras actividades llevadas por el Concedente en el marco de la promoción y la venta de los Productos.

El Autorizado se compromete a no registrar ni solicitar el registro de ninguna marca, logotipo y signo .... (o de otros similares que induzcan a confusión con los de ....

El Autorizado notificará a .... cualquier violación que llegue a su conocimiento de las marcas, logotipos y signos y material fotográfico y/o audiovisual registrado por ...., así como los derechos de propiedad industrial (patentes), propiedad de .... El Autorizado es libre de promocionar los Productos a través de Internet, catálogos y otros medios de promoción comercial, pero no puede hacer uso de las marcas, logotipos, signos y material fotográfico y/o audiovisual registrado por .... sin previamente haber acordado por escrito los detalles de dicho uso.

El Autorizado se compromete a: 1) No solicitar como palabras clave en buscadores las marcas y signos de ....; 2) No crear sitios webs o dominios con las marcas o signos de ....; 3) No modificar imágenes o documentos creados por .... para ser publicados posteriormente en sus catálogos o Internet; y, 4) Existe la posibilidad de que .... autorice la creación perfiles en redes sociales, siempre y cuando, ... sea el administrador. De igual modo, el Autorizado se deberá comprometer a ceder los datos de acceso a dichas redes, en un plazo máximo de 7 días o cuando .... lo requiera. Así mismo, ... se reserva la posibilidad de solicitar al Autorizado, en cualquier momento, la anulación del perfil en las redes sociales.

El Autorizado se compromete bajo petición de ...., a retirar toda publicidad, ya sea impresa, digital o situada en Internet que lleve marcas, logotipos, fotos, datos o signos de .... en un plazo no superior a 30 días.

8. PROTECCIÓN DE DATOS DE CARÁCTER PERSONAL:

.... en cumplimiento del Reglamento (UE) 2016/679 del Parlamento Europeo y del Consejo, de 27 de abril de 2016, relativo a la protección de las personas físicas en lo que respecta al tratamiento de datos personales y a la libre circulación de estos datos y por el que se deroga la Directiva 95/46/CE (RGPD); de la Ley 34/2002, de 11 de julio, de servicios de la sociedad de la información y de comercio electrónico (LSSICE); y, de la Ley 3/2018, de 5 de diciembre, de Protección de Datos Personales y Garantía de los Derechos Digitales (LOPDGDD), le informa de que sus datos de carácter personal se incluirán en ficheros de titularidad de ...., cuya finalidad es la gestión de proveedores, clientes, realización de los servicios contratados, seguimiento comercial de clientes y otras acciones de comunicación comercial.

.... no cederá sus datos a terceros salvo requerimiento y exigencia legal o exigencia como consecuencia de la relación jurídica. Igualmente, ... le informa que no tiene previsto transferir sus datos a un tercer país u organización internacional.

No obstante, podrá, en todo momento, ejercitar su derecho al acceso de sus datos personales, su rectificación o supresión, a la limitación de su tratamiento, así como el derecho a la portabilidad de los datos, en la forma legalmente prevista; esto es, mediante comunicación remitida a ...., en la dirección de correo electrónico ...., adjuntando copia de su DNI/NIE/ PASAPORTE.

Los datos se conservarán durante el tiempo que se mantenga la colaboración, salvo que ejercite sus derechos de control y, después, por el tiempo necesario para el cumplimiento de cualquier obligación legal o derivada de la relación jurídica preexistente.

9. CONFIDENCIALIDAD:

Las partes acuerdan que cualquier información intercambiada, facilitada o creada por .... será mantenida en estricta confidencialidad. El Autorizado sólo podrá revelar información confidencial a quienes la necesiten y estén autorizados previamente por la parte de cuya información confidencial se trata. Se considera también información confidencial: a) Aquella que como conjunto o por la configuración o estructuración exacta de sus componentes, no sea generalmente conocida entre los expertos en los campos correspondientes; b) La que no sea de fácil acceso; y, c) Aquella información que no esté sujeta a medidas de protección razonables, de acuerdo con las circunstancias del caso, a fin de mantener su carácter confidencial. Toda información enviada al Autorizado es de propiedad exclusiva de la parte de donde proceda. En consecuencia, no utilizará información de la otra para su propio uso sin consentimiento previo.

10. RESOLUCIÓN DE CONTROVERSIAS Y DETERMINACIÓN DE LA LEY APLICABLE:

En caso de discrepancia en torno a la validez, ejecución, o interpretación de este Contrato las partes se comprometen a resolverlo de forma amistosa. No obstante, en el caso que las partes no lleguen a un acuerdo mediante negociación, las partes intervinientes acuerdan expresamente que todo litigio, discrepancia, cuestión o reclamación resultantes de la ejecución o interpretación del presente Contrato o relacionados con él, directa o indirectamente, se resolverán de forma definitiva mediante arbitraje, en el marco de la Corte de Arbitraje de .... (España), con sede en la Cámara Oficial de Comercio, Industria y Navegación de .... (España), a la que se encomienda la administración del arbitraje y la designación de los árbitros, de acuerdo con su Reglamento y Estatutos, que resolverá aplicando la ley española.

2.

EL CONTRATO DE AGENCIA COMERCIAL INTERNACIONAL

Si bien el comercio internacional consiste, en esencia, en comprar y vender, el contrato de compraventa internacional de mercaderías no suele darse de un modo químicamente puro, sino acompañado de otros contratos satélite que facilitan y potencian su eficacia. Una de las modalidades más utilizadas en el ámbito internacional en estos momentos por todo tipo de empresas y, en concreto, por las españolas, para dar a conocer sus productos en los mercados, es el contrato de agencia comercial internacional.

Dado que una empresa no puede establecerse en todos y cada uno de los países a los que exporta sus productos, la contratación de un experto conocedor del sector y del mercado de destino resulta la solución idónea. La opción del agente comercial internacional es la forma de distribución de bienes y servicios más interesante, en términos de relación coste-beneficio, para aquellas empresas que quieren introducirse en nuevos mercados y, en un futuro, establecer sus propias redes de distribución, lo que justifica su amplia utilización en el ámbito del comercio internacional.

Ahora bien, la selección de un buen agente comercial internacional, la negociación y posterior firma del oportuno contrato entre empresa y agente comercial internacional, no es cuestión tan sencilla como parece. Si se escoge a la persona idónea, la posibilidad de hacer negocios en ese mercado es importante; si la selección es errónea, difícilmente podremos distribuir nuestros productos o prestar servicios en ese mercado.

Nos encontramos, en definitiva, ante una modalidad contractual minuciosamente regulada en el ámbito comunitario, lo que limita, en cierto modo, el juego del principio de la autonomía de la voluntad.

Esta modalidad contractual de colaboración internacional se presenta como una de las técnicas de distribución de bienes y servicios más eficaces desde el punto de vista coste-beneficio, ya que al no poder las empresas establecerse en cada uno de os países a los que exportan sus productos, la opción de contratar a un experto conocedor del sector y del mercado de destino es la más idónea.

En virtud del contrato de agencia comercial internacional, una persona física o jurídica denominada *agente* se obliga, de manera continuada o estable, frente a otra, denominada *mandante* o *principal*, a cambio de una remuneración, para promover actos u operaciones de comercio por cuenta ajena, o promoverlos y concluirlos por cuenta y en nombre ajenos, como intermediario independiente, en un determinado territorio, sin asumir (salvo pacto en contrario) el riesgo y ventura de tales operaciones.

La utilización de los servicios de un agente comercial tiene dos grandes ventajas para el mandante: *a) reducción de costes*: al margen de los gastos en la selección del agente, a este, habitualmente, solo se lo remunera con una comisión sobre las ventas realizadas. La utilización de sus servicios es una opción notablemente más barata que la venta a través de vendedores propios (= «representantes de comercio») que tengan que desplazarse al extranjero, o que la apertura de una delegación o filial comercial en el en el exterior; y, *b) reducción de riesgos*: a través del agente, las ventas se diversifican entre diferentes clientes, mientras que, en el caso, por ejemplo, del distribuidor, se concentra todo el riesgo en una sola empresa. El agente, conocedor de su mercado, deberá facilitar información financiera y de solvencia acerca de las operaciones que vaya realizando.

A continuación, se acompañan modelos de contrato de agencia comercial internacional y contrato mercantil de prestación de servicios profesionales.

Modelo de contrato de agencia comercial internacional

(**Advertencia**: este modelo de contrato se acompaña a título meramente ilustrativo ya que, para la correcta formalización de un Contrato de agencia comercial internacional, como para la de cualquier otro, se recomienda contar con el asesoramiento de un especialista en la materia).

CONTRATO DE AGENCIA COMERCIAL INTERNACIONAL

ENTRE

....

Y

....

REUNIDOS

De una parte, **D./DÑA.** ...., mayor de edad, con DNI número ...., en representación de la mercantil ...., con domicilio en ...., ..., CP ...., ... (.............) España, provisto de CIF número ...., actuando como **MANDANTE**.

De otra parte, **D./DÑA.** ...., mayor de edad, con número de DNI/PASAPORTE ...., en nombre propio y en representación de la mercantil ...., con domicilio social en ....,............., ... (.................), provisto de CIF número ...., actuando como **AGENTE**.

EXPONEN

Ambas partes comparecen gozando de la necesaria capacidad jurídica y de obrar para el otorgamiento del presente **CONTRATO DE AGENCIA COMERCIAL INTERNACIONAL**, en su propio nombre, derecho e interés, y a los fines del presente documento;

MANIFIESTAN

1. Que la empresa .... se dedica, entre otras actividades, a ....

2. Que la empresa .... desea seguir promoviendo la venta de sus productos y los servicios relacionados con los

mismos para la marca «...................» en el territorio y condiciones especificadas en la Cláusula SEGUNDA del presente Contrato.

3. Que **D./DÑA.** .... se dedica a la promoción y venta de los productos de sus representados, en el territorio de ...., bajo la marca «....................» en los territorios y condiciones que se especifican en la Cláusula SEGUNDA del presente Contrato.

4. Que, en atención a todo lo anteriormente manifestado, las partes contratantes han acordado la celebración y firma del presente **CONTRATO DE AGENCIA COMERCIAL INTERNACIONAL** (en adelante, el «Contrato»), excluyéndose expresamente el carácter laboral, y que llevan a efecto mediante el presente Contrato de naturaleza mercantil y de acuerdo a las siguientes:

CLÁUSULAS

PRIMERA.- OBJETO DEL CONTRATO. El objeto del presente Contrato consiste en la actividad de mediación, promoción y venta de los productos de la marca «....................», producidos por el **MANDANTE**, según lo especificado en el presente Contrato.

Estos productos son susceptibles de variación, modificación o cambio, a tenor de las necesidades y evolución del mercado, sin que el **MANDANTE** tenga la obligación de ceder la representación de los nuevos productos al **AGENTE**.

SEGUNDA.- DEMARCACIÓN TERRITORIAL. El **AGENTE** llevará a cabo su actividad como agente comercial de la marca «........................» en .... (en adelante, la «ZONA»), de conformidad con lo establecido en el **ANEXO I** del presente Contrato.

En la ZONA descrita el **AGENTE** debe desarrollar su actividad con la máxima intensidad al objeto de incrementar tanto el número de Clientes como el volumen de operaciones comerciales, no pudiendo vender fuera de la misma, salvo autorización expresa del **MANDANTE**.

TERCERA.- EXCLUSIVIDAD. El **AGENTE** podrá realizar su función de mediación o promoción para otras empresas o personas físicas, siempre que no supongan competencia, directa o indirecta para el **MANDANTE**, y con conocimiento previo del **MANDANTE**. No obstante, el **AGENTE** precisará del consentimiento expreso y por escrito del **MANDANTE** para poder participar, directa o indirectamente, en sociedad o negocios de producción o comercialización de productos susceptibles de competir con los productos objeto del presente Contrato.

En caso de que el **AGENTE** incumpla su obligación de exclusividad con respecto a cualquier otra empresa, el **MANDANTE** podrá rescindir el Contrato sin notificación alguna, no pudiendo el **AGENTE** reclamar ninguna compensación por el trabajo realizado.

CUARTA - OBLIGACIONES DEL MANDANTE. El **MANDANTE** facilitará oportunamente al **AGENTE** los correspondientes muestrarios, documentos técnicos o comerciales y, en general, demás elementos materiales necesarios o convenientes para realizar la actividad de promoción y venta prevista en este Contrato, de acuerdo con las condiciones de venta indicadas, al principio de cada temporada, por el **MANDANTE** al **AGENTE**. Todos estos elementos serán remitidos por el **MANDANTE**, a su cargo, hasta su destino. Los envíos de las muestras se harán siempre con la correspondiente valoración económica realizada por el **MANDANTE**. El **AGENTE** se compromete a conservarlos con la adecuada diligencia y a no reproducirlos por ningún medio y de ningún modo.

En caso de extinción del presente Contrato, sea cual sea la causa, el **AGENTE** deberá, dentro de los 30 días siguientes, restituir al **MANDANTE** todos los muestrarios y demás elementos que le hayan sido entregados para realizar su actividad.

QUINTA.- OBLIGACIONES DEL AGENTE. El **AGENTE** organizará su actividad profesional con total independencia y conforme a sus pautas, normas y criterios. No obstante, deberá respetar los intereses del **MANDANTE** y tendrá en cuenta las instrucciones que ésta le dé en todo lo referente a precios, condiciones de entrega y pago de las operaciones que se realicen, descuentos a conceder, etc.

El **AGENTE** asumirá el riesgo y ventura de las operaciones comerciales concluidas en la ZONA. La remuneración que percibirá el **AGENTE** por tal menester quedará englobada en la comisión. Dicha comisión se hará efectiva siempre y cuando las operaciones comerciales lleguen a buen fin o se desarrollen sin inconvenientes según los términos acordados en cada caso. Así mismo, el **AGENTE** tendrá la obligación de colaborar con el **MANDANTE** en la gestión de cobros.

SEXTA.- RETRIBUCIONES. La comisión es la única remuneración a la que podrá aspirar el **AGENTE**, que asumirá todos los gastos de su prospección y de su organización.

El **AGENTE** no tendrá derecho a percibir comisión alguna por las ventas que concluya sin respetar los precios de venta y las condiciones generales de venta dadas por el **MANDANTE**.

El tanto por ciento de comisión que corresponda al **AGENTE**, de acuerdo a lo especificado a continuación, se determinará siempre sobre el neto de las facturas emitidas por el **MANDANTE**, por las ventas del **AGENTE**.

La remuneración del **AGENTE**, que podrá ser revisada, con previo acuerdo de las partes, en futuras temporadas, se establece mediante comisiones, que se abonarán, por cada una de las ventas concluidas por el **AGENTE**, sobre el precio neto de los productos vendidos por la intervención directa y personal del **AGENTE**, para los productos de la marca «...................», producidos por el **MANDANTE**, una comisión del .... % sobre el valor neto de toda la facturación.

SÉPTIMA.- ACEPTACIÓN DE PEDIDOS Y DEVENGO DE LAS COMISIONES. El **MANDANTE** comunicará al **AGENTE** la aceptación o rechazo de un pedido en un plazo breve de tiempo, salvo causa de fuerza mayor, desde su recepción. El pedido se entenderá no aceptado cuando expresamente el **MANDANTE** así se lo haga saber al **AGENTE**, siendo el retraso especificado en 15 días.

El cobro de las comisiones se realizará una vez el Cliente haya efectuado la totalidad del pago del pedido gestionado por el **AGENTE**. En el caso de que no se procediese al pago de la totalidad del pedido por parte del Cliente por causas ajenas al **MANDANTE**, no se devengará comisión alguna a favor de la **AGENTE**.

Las comisiones se harán efectivas mensualmente, sobre los pedidos servidos, en euros, en la cuenta del banco del **AGENTE**, una vez hayan sido íntegramente abonadas las operaciones por el cliente final al **MANDANTE**. Cada mes natural el **MANDANTE** practicará la oportuna liquidación de comisiones devengadas, que enviará al **AGENTE** para que en el plazo de siete días hábiles muestre su conformidad, entendiéndose que se considera conforme si no indica nada dentro del plazo señalado.

OCTAVA.- EJERCICIO DE LA AGENCIA. El **AGENTE** promoverá y concluirá en el territorio el mayor número de ventas de productos de la sociedad, teniendo en cuenta lo siguiente:

a) El **AGENTE** deberá acomodarse a las condiciones de venta generales dadas por el **MANDANTE**. El **MANDANTE** se reserva el derecho de modificar a su conveniencia dichas condiciones generales de venta. El **AGENTE** sólo podrá convenir condiciones particulares de venta con los Clientes media autorización previa y por escrito de la sociedad.

b) El **MANDANTE** servirá directamente los productos objeto de las operaciones concertadas por el **AGENTE**. El **MANDANTE** podrá negarse a servir los productos cuando el **AGENTE** y/o los Clientes se hallen en situación de incumplimiento de cualquiera de sus obligaciones.

c) El **AGENTE** vendrá obligado a aumentar anualmente las ventas realizadas por el **MANDANTE**; y, bajo consecuencia de rescisión unilateral y por causa justificada del presente Contrato, se compromete, a aumentar la cifra de ventas correspondiente al ejercicio anterior.

d) El **MANDANTE** facturará directamente a los Clientes.

e) Incumbirá al **AGENTE** la gestión de cobro de las facturas correspondientes a los pedidos servidos, debiendo efectuar todos los actos precisos a tal fin. El **AGENTE** estará obligado a colaborar con el **MANDANTE** en referencia a la gestión de cobro, facilitándole la información necesaria y realizando los actos de colaboración que se estimen precisos.

f) En caso de litigio con un cliente final el **MANDANTE** podrá exigir al **AGENTE** que en dicha reclamación del pago colabore y siga las indicaciones del **MANDANTE**, de cara a la resolución del mismo.

El **AGENTE** no tendrá derecho al reembolso de los gastos que le hubiera originado el ejercicio de su actividad profesional; y, en particular, deberá asistir a las reuniones convocadas por el **MANDANTE**.

NOVENA.- DERECHOS DE PROPIEDAD INTELECTUAL E INDUSTRIAL. El **AGENTE** informará al **MANDANTE** de cuantos actos de competencia desleal puedan acontecer en su ZONA exclusiva, así como de cualquier infracción respecto a derechos de propiedad industrial o intelectual de la empresa.

El **AGENTE** reconoce que el **MANDANTE** es titular de todos los derechos de propiedad intelectual y/o industrial sobre:

1. Los productos objeto del presente Contrato, así como el resto de los productos fabricados por el **MANDANTE**.

2. Las muestras, catálogos y demás elementos de publicidad o al servicio de la comercialización de los productos del **MANDANTE**.

3. Las marcas pertenecientes al **MANDANTE**, así como el nombre de los productos y servicios registrados y/o creados por parte del **MANDANTE**.

4. El resto de documentación y demás elementos entregados al **AGENTE** con objeto del presente Contrato, susceptibles de derecho de propiedad intelectual o industrial.

El **AGENTE** se compromete a no usar, ceder o, en cualquier modo transmitir o comunicar la propiedad intelectual del **MANDANTE** conocida o recibida con motivo de la prestación de los servicios objeto del presente Contrato, sin su previa autorización expresa y por escrito.

El **AGENTE** tiene prohibido, mientras esté vigente el Contrato, divulgar cualquier información de orden comercial, técnico o financiero susceptible de favorecer los intereses de una empresa competidora del **MANDANTE**. El **AGENTE** también obligará a sus empleados y subagentes a mantener la misma confidencialidad. Esta obligación subsistirá después del término del presente Contrato, salvo en cuanto a lo que se convierta en público y notorio.

El **MANDANTE**, por su parte, se compromete a guardar en estricto secreto las informaciones que lleguen a su poder, relativas a la organización, la actividad comercial y el funcionamiento del **AGENTE**, obligación que subsistirá igualmente después de la finalización del presente Contrato salvo en cuanto a lo que se convierta en público y notorio.

DÉCIMA.- DEBER DE INFORMACIÓN. El **AGENTE** informará al **MANDANTE** de cualquier observación o reclamación efectuada por los Clientes respecto a los productos, así como cualquier otra información comercial, jurídica o económica que pueda repercutir directamente en el **MANDANTE**. Ambas partes darán pronta y correcta respuesta a estas reclamaciones.

Con el objeto de facilitar, en el interés común de las partes, la plena eficacia de su colaboración, el **AGENTE** se compromete a informar mensualmente al **MANDANTE** del estado del mercado, de las gestiones realizadas, y de lo que desean los Clientes en general y de las acciones comerciales de las empresas competidoras.

Además, el **AGENTE** se compromete frente al **MANDANTE** a informarle acerca de los Clientes a los que se le ha entregado catálogo, se le ha enseñado el muestrario, así como, las opiniones sobre el producto vertidas por los Clientes. A tal fin, el **AGENTE** se obliga a dar cumplimiento a este deber, entre otros, mediante el uso de las herramientas y/o dispositivos informáticos desarrolladas y puestas a su disposición por parte del **MANDANTE**.

UNDÉCIMA.- OBJETIVO DE VENTAS. Las partes contratantes acordarán anualmente un objetivo de ventas para el año siguiente, fijándose el objetivo de ventas para el primer año para lo que resta del presente ejercicio en la cantidad de, como mínimo, ...

El objetivo de ventas para el segundo año, en caso de renovación, será establecido por el **MANDANTE** no siendo inferior, en ningún caso, al volumen mínimo de facturación del año anterior.

DUODÉCIMA.- DURACIÓN DEL CONTRATO. El plazo de duración del presente Contrato se conviene por el período de .... año/s, desplegando sus efectos desde la firma del mismo, renovándose de forma automática de año en año, salvo que cualquiera de las partes, antes de la finalización del Contrato, exprese, de forma fehaciente y por escrito, lo contrario.

El Contrato podrá ser extinguido por la denuncia unilateral de cualquiera de las partes, con un preaviso escrito y fehaciente de un mes para cada año de vigencia del Contrato, con un máximo de seis meses. Si el Contrato hubiera estado vigente por tiempo inferior a un año, el plazo de preaviso será de un mes.

No obstante, todo lo anterior, y de conformidad con las normas generales de contratación, el incumplimiento por cualesquiera de las partes de las obligaciones contraídas contractualmente en este Contrato facultará a la otra parte para considerarlo resuelto, de forma automática y de pleno derecho, sin necesidad de preaviso, bastando con la notificación fehaciente de esta resolución a la parte incumplidora indicando la voluntad y la causa de la extinción.

Una vez se extinga el presente Contrato, el **AGENTE** se compromete a no desempeñar la actividad de promoción concertada en este Contrato para otras personas o entidades que comercialicen productos que puedan suponer competencia al **MANDANTE**, durante el plazo de dos años. No obstante, si el presente Contrato se extinguiera con anterioridad al plazo de dos años, la limitación será de un año. El **AGENTE** reconoce que tal limitación no le supone perjuicio alguno de ninguna clase.

El presente Contrato quedará resuelto, entre otras, por las siguientes razones:

a) Cuando haya transcurrido el plazo del presente Contrato.

b) En caso de muerte o declaración de fallecimiento del **AGENTE**.

c) También se dará por terminado, sin necesidad de previo aviso, si el **MANDANTE** observa alguna de las siguientes circunstancias:

    1. Incumplimiento por el **AGENTE** de la obligación de exclusividad asumida.

    2. Si el **AGENTE** retiene cualquier cantidad de dinero perteneciente al **MANDANTE**.

    3. Si el **AGENTE** no cumple con el objetivo de ventas.

    4. Si el **AGENTE** ha designado subagentes sin el consentimiento expreso y por escrito del **MANDANTE**.

5. Si, en opinión del **MANDANTE**, la solvencia del **AGENTE** se reduce de tal manera que pone en duda la capacidad del **AGENTE** para cumplir con las condiciones de comercialización requeridas por el **MANDANTE**.

6. Si el **AGENTE** ha hecho uso de las Marcas del **MANDANTE** sin el expreso consentimiento por escrito de éste.

7. Si el **AGENTE** no asiste a las reuniones que el **MANDANTE** convoque en su sede, sin justificación alguna, o el **MANDANTE** considera que tal justificación es insuficiente. Siendo un mínimo de dos reuniones por año, una por temporada.

8. En general, si observa una violación culpable por el **AGENTE** de cualquiera de sus obligaciones asumidas bajo este Contrato.

En estos casos, se entenderá que el Acuerdo finaliza al recibir el **AGENTE** la notificación por escrito dejando constancia de la intención de poner fin a la relación contractual y de los motivos de la resolución del Contrato.

DECIMOTERCERA.- INDEMNIZACIONES. En caso de extinción de este Contrato, el **AGENTE** tendrá derecho a una indemnización si hubiera aportado nuevos Clientes al **MANDANTE**. El importe de esta indemnización se calculará en función de los nuevos clientes aportados por el **AGENTE** y el volumen de facturación que estos hubiesen realizado. Así como, en su caso, el **AGENTE** tendrá derecho a una indemnización por daños y perjuicios, en caso de incumplimiento del presente Contrato por parte del **MANDANTE**. El importe máximo global de estas dos indemnizaciones —indemnización por clientela + (en su caso) indemnización por daños y perjuicios—, según establece el artículo 17.2 b) de la Directiva 86/653/CEE, no podrá exceder, en ningún caso, del importe medio de las retribuciones por ventas percibidas anualmente durante los últimos cinco años o durante el período de vigencia de este Contrato, si éste hubiera tenido hasta su resolución, una duración inferior.

DECIMOCUARTA.- PROTECCIÓN DE DATOS DE CARÁCTER PERSONAL. .... en cumplimiento del Reglamento (UE) 2016/679 del Parlamento Europeo y del Consejo, de 27 de abril de 2016, relativo a la protección de las personas físicas en lo que respecta al tratamiento de datos personales y a la libre circulación de estos datos y por el que se deroga la Directiva 95/46/CE (RGPD), de la Ley Orgánica 3/2018, de 5 de diciembre, de Protección de Datos Personales y garantía de los derechos digitales (LOPDGDD), y de la Ley 34/2002, de 11 de julio, de servicios de la sociedad de la información y de comercio electrónico (LSSICE), le informa de que sus datos de carácter personal se incluirán en ficheros de titularidad de .... cuya finalidad es la gestión de proveedores, clientes, realización de los servicios contratados, seguimiento comercial de clientes y otras acciones de comunicación comercial. .... no cederá sus datos a terceros salvo requerimiento y exigencia legal o exigencia como consecuencia de la relación jurídica. Igualmente, ... le informa que no tiene previsto transferir sus datos a un tercer país u organización internacional.

No obstante, podrá, en todo momento, ejercitar su derecho al acceso de sus datos personales, su rectificación o supresión, a la limitación de su tratamiento, así como, el derecho a su oposición o, en su caso, la portabilidad de los datos, en la forma legalmente prevista; esto es, mediante comunicación remitida a .... en la dirección de correo electrónico ...., adjuntando copia de su DNI/NIE/PASAPORTE.

Los datos se conservarán durante el tiempo que se mantenga la colaboración, salvo que ejercite sus derechos de control y, después, por el tiempo necesario para el cumplimiento de cualquier obligación legal o derivada de la relación jurídica preexistente.

DECIMOQUINTA.- NOTIFICACIONES. Cualquier notificación requerida bajo el presente Contrato deberá hacerse por escrito, mediante fax, correo certificado, correo electrónico, o comunicación escrita privada siempre que se asegure la constancia del envío y recepción, dirigida a las direcciones que se señalan en el presente Contrato. Cada parte podrá, mediante notificación a la otra, cambiar su domicilio para recibir dichas notificaciones.

DECIMOSEXTA.- IMPUESTOS Y GASTOS. Cuantos impuestos, gastos, derechos y/o arbitrios de cualquier clase de Administración Pública puedan devengarse con ocasión del presente Contrato y/o del ejercicio de las actividades encomendadas y/o derivadas del mismo serán satisfechas por las partes con arreglo a la Ley. En general, el **AGENTE** soportará todos los gastos ocasionados por su prospección, siendo cuestión personal del mismo todas las cargas fiscales que lo incumben.

DECIMOSÉPTIMA.- CONFIDENCIALIDAD. Las partes se comprometen a mantener bajo secreto y a mantener confidencialidad durante la vigencia del presente Contrato y con posterioridad al mismo, toda información obtenida en el contexto del mismo, entendiéndose por información confidencial, el contenido del presente Contrato y sus Anexos, y toda la información o documentos relativos a las operaciones realizadas en virtud del presente Contrato o al *know-how*, que cualquiera de las partes hubiera podido conocer de la otra en virtud del presente Contrato, sus Anexos y sus posibles renovaciones. Se considera también información confidencial: a) Aquella que como conjunto o por la configuración o estructuración exacta de sus componentes, no sea generalmente conocida entre los expertos en los campos correspondientes; b) La que no sea de fácil acceso; y, c) Aquella información que no esté sujeta a medidas de protección razonables, de acuerdo con las circunstancias del caso, a fin de mantener su carácter confidencial.

DECIMOCTAVA.- RESOLUCIÓN DE CONTROVERSIAS Y DETERMINACIÓN DE LA LEY APLICABLE. En caso de discrepancia en torno a la validez, ejecución, o interpretación de este Contrato las partes se comprometen a resolverlo de forma amistosa. No obstante, en el caso que las partes no lleguen a un acuerdo mediante negociación, las partes intervinientes acuerdan que todo litigio, discrepancia, cuestión o reclamación resultantes de la ejecución o interpretación del presente contrato o relacionados con él, directa o indirectamente, se resolverán definitivamente mediante arbitraje en el marco de la Corte de Arbitraje de ...., con sede en la Cámara Oficial de Comercio, Industria y Navegación de .... (España) a la que se encomienda la administración del arbitraje y la designación de los árbitros, de acuerdo con su Reglamento y Estatutos, que resolverá aplicando la ley española.

Y, en prueba de conformidad con todo lo establecido en el presente Contrato, ambas partes lo firman en dos ejemplares, en .... (...........) ESPAÑA, a .... de .... de 202...

EL MANDANTE   EL AGENTE

....

D./DÑA. ....   D./DÑA. ....

Anexo I: clientela

Modelo de contrato mercantil de prestación de servicios profesionales

(**Advertencia**: este modelo de contrato se acompaña a título meramente ilustrativo ya que, para la correcta formalización de un Contrato mercantil de prestación de servicios profesionales, como para la de cualquier otro, se recomienda contar con el asesoramiento de un especialista en la materia).

CONTRATO MERCANTIL DE PRESTACIÓN DE SERVICIOS PROFESIONALES

ENTRE

....

Y

....

En .... (..........)-España, a .... de ....de 202....

REUNIDOS

De una parte, **D./DÑA.** ...., mayor de edad, con DNI número ...., en su propio nombre y en representación de la mercantil ...., con domicilio en ...., ..., CP ...., ... (..........) España, provisto de CIF número ....; en adelante, el «**CONTRATANTE**» o «..................»; y,

De otra parte, **D./DÑA.** ...., mayor de edad, titular del número de identidad ...., en su propio nombre y derecho, con domicilio en ...., ..., CP ...., ... (.........) España; en adelante, el «**PRESTADOR DEL SERVICIO**».

Ambas partes, con la suficiente capacidad jurídica y de obrar requerida en Derecho, han convenido la celebración del presente **CONTRATO MERCANTIL DE PRESTACIÓN DE SERVICIOS PROFESIONALES**, excluyéndose expresamente el carácter laboral, y por ello:

EXPONEN

1. Que la empresa .... se dedica, entre otras actividades, a ....

2. Que el **PRESTADOR DEL SERVICIO** se dedica a ....

3. Que el **PRESTADOR DEL SERVICIO** está capacitado para realizar los encargos que se detallen en el presente Contrato para la comercialización de los productos del **CONTRATANTE**, en el territorio de ...., bajo la marca «.................», propiedad del **CONTRATANTE**; de conformidad con lo establecido en el **ANEXO I** del presente Contrato.

4. Que, en atención a lo anteriormente manifestado, las partes contratantes han acordado la celebración y la firma del presente **CONTRATO MERCANTIL DE PRESTACIÓN DE SERVICIOS PROFESIONALES**, y que se regirá por las presentes:

CLÁUSULAS

PRIMERA.- OBJETO DEL CONTRATO. El objeto del presente Contrato consiste en establecer un régimen de colaboración entre el **CONTRATANTE** y el **PRESTADOR DEL SERVICIO** con la finalidad de que éste preste al **CONTRATANTE** los siguientes servicios: ....

Dichos servicios se extenderán a todos aquellos aspectos que, dentro de las disciplinas especificadas, puedan tener incidencia en la actividad llevada a cabo por el **CONTRATANTE** y que se basarán en una actitud proactiva por parte del **PRESTADOR DEL SERVICIO**.

Será el **PRESTADOR DEL SERVICIO** quien correrá con todos los gastos de desplazamiento y Seguridad Social, y deberá cumplir con las disposiciones legales vigentes en materia laboral y fiscal.

SEGUNDA.- REMUNERACIÓN. El **CONTRATANTE** abonará al **PRESTADOR DEL SERVICIO** la cantidad de .... mensuales. El pago se realizará mediante transferencia bancaria al número de cuenta que el **PRESTADOR DEL SERVICIO** proporcione al **CONTRATANTE**.

Asimismo, el **CONTRATANTE** abonará al **PRESTADOR DEL SERVICIO** una **comisión del** ...... % sobre el precio neto de los productos vendidos y efectivamente cobrados por la intervención directa y personal del **PRESTADOR DEL SERVICIO** para los productos producidos por el **CONTRATANTE**.

El **PRESTADOR DEL SERVICIO** no tendrá derecho a percibir comisión alguna por las ventas que concluya sin respetar los precios y las condiciones generales de venta dadas por el **CONTRATANTE**.

TERCERA.- DEVENGO DE LAS COMISIONES. El cobro de las comisiones se realizará una vez el Cliente haya efectuado la totalidad del pago del pedido gestionado por el **PRESTADOR DEL SERVICIO.** En el caso de que no se procediese al pago de la totalidad del pedido por parte del Cliente, por causas ajenas al **CONTRATANTE,** no se devengará comisión alguna a favor del **PRESTADOR DEL SERVICIO.**

Cada mes natural el **CONTRATANTE** practicará la oportuna liquidación de comisiones devengadas, una vez le hayan sido íntegramente abonadas las operaciones por el Cliente final, que enviará el **PRESTADOR DEL SERVICIO** para que en el plazo de siete días hábiles muestre su conformidad, entendiéndose que se considera conforme si no indica nada dentro del plazo señalado.

CUARTA.- RELACIÓN DE CARÁCTER MERCANTIL. La prestación de servicios por parte del **PRESTADOR DEL SERVICIO** al **CONTRATANTE** no conlleva una relación habitual, duradera y estable entre ambos, de modo que no debe enmarcarse dentro de una relación laboral, si no puramente mercantil, rigiéndose el presente Contrato, en lo no expresamente convenido en el mismo, por el Código de Comercio español.

QUINTA.- BUENA FE CONTRACTUAL. En el cumplimiento de sus obligaciones contractuales, tanto el **PRESTADOR DEL SERVICIO** como el **CONTRATANTE** actuarán de buena fe y con total honradez. En el mismo sentido serán interpretadas todas las disposiciones de este Contrato.

SEXTA.- EXENCIÓN DE RESPONSABILIDAD. Ambas partes acuerdan que el **PRESTADOR DEL SERVICIO** exime al **CONTRATANTE,** total y voluntariamente, de cualquier reclamo, demanda, acción legal, responsabilidad u obligación que esté relacionada con el Objeto del presente Contrato, desarrollado en la CLÁUSULA PRIMERA.

SÉPTIMA.- DURACIÓN DEL CONTRATO. El plazo de duración del presente Contrato se conviene por el **período de** .... año/s, a contar desde la fecha del mismo, renovándose de forma automática por periodos iguales, salvo desistimiento de cualquiera de las partes. El Contrato podrá ser resuelto, por cualquiera de las partes, mediante notificación por escrito y de forma fehaciente con una antelación no inferior a un mes.

OCTAVA.- INSOLVENCIA PATRIMONIAL. Ambas partes podrán dar por terminado el presente Contrato, en forma anticipada y sin necesidad de declaración judicial previa, en caso de que una de ellas fuere declarada en quiebra, suspensión de pagos, concurso de acreedores o cualquier otro tipo de insolvencia patrimonial.

NOVENA.- SUBSISTENCIA DE LAS OBLIGACIONES. La rescisión o terminación de este Contrato no afecta de manera alguna a la validez y exigibilidad de las obligaciones contraídas con anterioridad, o de aquellas ya formadas que, por su naturaleza o disposición de la ley, o por voluntad de las partes, deben diferirse a fecha posterior, en consecuencia, las partes podrán exigir, aún con posterioridad a la rescisión o terminación del Contrato, el cumplimiento de estas obligaciones.

DÉCIMA.- CESIÓN DE DERECHOS Y OBLIGACIONES. Ninguna de las partes podrá ceder o transferir total o parcialmente los derechos ni las obligaciones derivadas de este Contrato, salvo acuerdo establecido por escrito previamente.

UNDÉCIMA.- RESOLUCIÓN DEL CONTRATO. Las partes contratantes podrán resolver el presente Contrato de acuerdo con las siguientes causas:

a) El incumplimiento por cualquiera de las partes, de alguna de las obligaciones asumidas en el presente Contrato o la asunción de obligaciones no contempladas en el presente Contrato, y una vez haya transcurrido un plazo de 15 días sin que se hubiese producido la subsanación de tal incumplimiento.

b) La paralización de la actividad del **PRESTADOR DEL SERVICIO**.

c) La solicitud judicial de suspensión de pagos o quiebra de cualquiera de las partes.

d) Cuando el **PRESTADOR DEL SERVICIO** utilice de forma contraria a la establecida en el Contrato los derechos de propiedad industrial.

e) Cuando el **PRESTADOR DEL SERVICIO** divulgue a terceros secretos comunicados o facilite información recibida por el **CONTRATANTE**.

Sin perjuicio de lo establecido anteriormente, las partes podrán rescindir el presente Contrato en el caso de infracción de cualquier obligación prevista en el mismo, tras enviar un requerimiento escrito a la parte que haya incumplido el Contrato y no se produzca subsanación de ese incumplimiento o cuando la infracción se repita.

DECIMOSEGUNDA.- FINALIZACIÓN DE LA RELACIÓN CONTRACTUAL. El **PRESTADOR DEL SERVICIO** renuncia a toda reclamación contra el **CONTRATANTE** sobre la base de posibles pérdidas de beneficios, clientela, gastos y/o inversiones realizadas, u otros supuestos similares o análogos; debiendo tener, en todo caso, en cuenta las estipulaciones del presente Contrato a la hora de planificar su trabajo, organización y sus estrategias de financiación, desarrollo e inversión.

DECIMOTERCERA.- CONTENIDO ÍNTEGRO. Las partes acuerdan que este Contrato constituye la expresión completa y exclusiva de lo convenido entre ambas y que sustituye cualquier Contrato y acuerdos anteriores, caso de haberlos, de forma y manera que el presente documento se convierte en la única y vigente manifestación de sus voluntades recíprocas, sin perjuicio de aplicación supletoria de las normas generales del ordenamiento jurídico español para los casos no contemplados expresamente en el presente Contrato.

Si cualquiera de sus cláusulas deviniera ilegal o no resultara procedente, será tenida por no puesta, sin que ello invalide o afecte en forma alguna a las restantes cláusulas y sin perjuicio de la voluntad de las partes de subsanar las cláusulas que resultaren prohibidas o no legalmente exigibles.

DECIMOCUARTA.- NOTIFICACIONES. Cualquier notificación requerida bajo el presente Contrato deberá hacerse por escrito, mediante fax, correo certificado, correo electrónico, o comunicación escrita privada siempre que se asegure la constancia del envío y recepción, dirigida a las direcciones que se señalan en el presente Contrato. Cada parte podrá, mediante notificación a la otra, cambiar su domicilio para recibir dichas notificaciones

DECIMOQUINTA.- IMPUESTOS Y GASTOS. Cuantos impuestos, gastos, derechos y/o arbitrios de cualquier clase de Administración Pública puedan devengarse con ocasión del presente Contrato y/o del ejercicio de las actividades encomendadas y/o derivadas del mismo serán satisfechas por las partes con arreglo a la Ley.

DECIMOSEXTA.- CONFIDENCIALIDAD Y PROHIBICIÓN DE COMPETENCIA. Las partes se comprometen a mantener bajo secreto y a mantener confidencialidad durante la vigencia del presente Contrato y con posterioridad al mismo, toda información obtenida en el contexto del mismo, entendiéndose por información confidencial, el contenido del presente Contrato y sus anexos, y toda la información o documentos relativos a las operaciones realizadas en virtud del presente contrato o al *know-how*, que cualquiera de las partes hubiera podido conocer de la otra en virtud del presente contrato, sus anexos y sus posibles renovaciones. Se considera también información confidencial: a) Aquella que como conjunto o por la configuración o estructuración exacta de sus componentes, no sea generalmente conocida entre los expertos en los campos correspondientes; b) La que no sea de fácil acceso; y, c)

Aquella información que no esté sujeta a medidas de protección razonables, de acuerdo con las circunstancias del caso, a fin de mantener su carácter confidencial.

Una vez se extinga el presente Contrato, el **PRESTADOR DEL SERVICIO** se compromete a no desempeñar la actividad de promoción concertada en este Contrato para otras personas o entidades que comercialicen productos que puedan suponer competencia al empresario, durante el plazo de dos años.

DECIMOSÉPTIMA.- DEVOLUCIÓN DE LA DOCUMENTACIÓN. Al término de la relación contractual, el **PRESTADOR DEL SERVICIO** deberá devolver, de forma inmediata, todos los documentos y datos contenidos en cualquier soporte, referentes a la relación contractual mantenida con el **CONTRATANTE** y/o sus Clientes, que se encuentren en su poder.

DECIMOCTAVA.- MODIFICACIONES. Los términos del presente Contrato no podrán ser alterados, renunciados o modificados ni cancelados, excepto por declaración expresa por escrito de las partes contratantes. Además, las partes manifiestan que no existen declaraciones, ni compromisos verbales o escritos que no hayan sido incorporados al presente Contrato.

DECIMONOVENA.- PROTECCIÓN DE DATOS DE CARÁCTER PERSONAL. .... en cumplimiento del Reglamento (UE) 2016/679 del Parlamento Europeo y del Consejo, de 27 de abril de 2016, relativo a la protección de las personas físicas en lo que respecta al tratamiento de datos personales y a la libre circulación de estos datos y por el que se deroga la Directiva 95/46/CE (RGPD), de la Ley Orgánica 3/2018, de 5 de diciembre, de Protección de Datos Personales y garantía de los derechos digitales (LOPDGDD); y de la Ley 34/2002, de 11 de julio, de servicios de la sociedad de la información y de comercio electrónico (LSSICE), le informa de que sus datos de carácter personal se incluirán en ficheros de titularidad de ...., cuya finalidad es la gestión de proveedores, clientes, realización de los servicios contratados, seguimiento comercial de clientes y otras acciones de comunicación comercial.

.... no cederá sus datos a terceros salvo requerimiento y exigencia legal o exigencia como consecuencia de la relación jurídica. Igualmente, ... le informa que no tiene previsto transferir sus datos a un tercer país u organización internacional.

No obstante, podrá, en todo momento, ejercitar su derecho al acceso de sus datos personales, su rectificación o supresión, a la limitación de su tratamiento, así como el derecho a la portabilidad de los datos, en la forma legalmente prevista; esto es, mediante comunicación remitida a .... en la dirección de correo electrónico ...., adjuntando copia de su DNI/NIE/PASAPORTE.

Los datos se conservarán durante el tiempo que se mantenga la colaboración, salvo que ejercite sus derechos de control y, después, por el tiempo necesario para el cumplimiento de cualquier obligación legal o derivada de la relación jurídica preexistente.

VIGÉSIMA.- RESOLUCIÓN DE CONTROVERSIAS Y DETERMINACIÓN DE LA LEY APLICABLE. En caso de discrepancia en torno a la validez, ejecución, o interpretación de este Contrato las partes se comprometen a resolverlo de forma amistosa. No obstante, en el caso que las partes no lleguen a un acuerdo mediante negociación, las partes intervinientes acuerdan que todo litigio, discrepancia, cuestión o reclamación resultantes de la ejecución o interpretación del presente contrato o relacionados con él, directa o indirectamente, se resolverán definitivamente mediante arbitraje en el marco de la Corte de Arbitraje de ...., con sede en la Cámara Oficial de Comercio, Industria y Navegación de .... (España) a la que se encomienda la administración del arbitraje y la designación de los árbitros, de acuerdo con su Reglamento y Estatutos, que resolverá aplicando la ley española.

Y, en prueba de conformidad con todo lo establecido en el presente Contrato, ambas partes lo firman, en dos ejemplares, en la ciudad y fecha al principio indicadas.

EL CONTRATANTE   EL PRESTADOR DEL SERVICIO

....

D./DÑA. ....   D./DÑA...........................

Anexo I: clientela

3.

EL CONTRATO DE CONCESIÓN O DISTRIBUCIÓN COMERCIAL INTERNACIONAL

La elección del canal de implantación en los mercados internacionales resulta una cuestión capital para la empresa que pretenda competir en una economía compleja, abierta y globalizada. Una de las posibles opciones para concurrir en mercados alejados del ámbito geográfico o sectorial original de la empresa consiste en recurrir a la intermediación comercial, es decir a la colaboración con sujetos dedicados profesionalmente a la promoción y/o estipulación de contratos por cuenta ajena o propia.

La cobertura jurídica de la relación entre ambos tipos de empresarios viene dada por los denominados contratos de intermediación comercial o de colaboración interempresarial: contratos de agencia, contratos de concesión o distribución, o contratos de franquicia. La finalidad de todas estas fórmulas contractuales es la misma: prolongar la actividad de la empresa a través de colaboradores que se comprometen a promover y/o a concluir uno o varios contratos en interés y por cuenta de la misma.

Esta estrategia permite prescindir de los costes que implicaría tener que crear una estructura empresarial en cada uno de los nuevos mercados en los que se pretende introducir los productos o servicios propios.

Un contrato de concesión o distribución comercial internacional es aquel en virtud del cual el fabricante de un producto determinado establece un vínculo de colaboración estable y duradera con otra empresa comercial, por el que esta última se compromete, por tiempo determinado o indefinido, a adquirir en firme los productos de ese fabricante y a llevar a cabo su venta posterior en una zona o área geográfica determinada, bien con exclusividad, bien en concurrencia con otros distribuidores, asumiendo en todo caso el riesgo de las operaciones.

A continuación, se acompaña modelo de contrato de concesión o distribución comercial internacional.

Modelo de contrato de concesión o distribución comercial internacional

(**Advertencia**: este modelo de contrato se acompaña a título meramente ilustrativo ya que, para la correcta formalización de un contrato de concesión o distribución comercial internacional, como para la de cualquier otro, se recomienda contar con el asesoramiento de un especialista en la materia).

CONTRATO DE CONCESIÓN O DISTRIBUCIÓN COMERCIAL INTERNACIONAL

ENTRE

....

Y

....

En ...., a .... de ....de 20....

REUNIDOS

De una parte, **D./DÑA**..........................., mayor de edad, con DNI número .... en representación de la mercantil ...., con domicilio en ...., provisto de CIF número ...., actuando como el «**CONCEDENTE**»; y,

De otra parte, **D./DÑA**........................, mayor de edad, con DNI número .... en representación de la mercantil ...., con domicilio en ...., provisto de CIF número ....…......., actuando como el «**DISTRIBUIDOR**».

EXPONEN

Ambas partes comparecen gozando de la necesaria capacidad jurídica y de obrar para el otorgamiento del presente **CONTRATO DE CONCESIÓN O DISTRIBUCIÓN COMERCIAL INTERNACIONAL**, en su propio nombre, derecho e interés, y a los fines del presente documento;

MANIFIESTAN

I. Que el **CONCEDENTE** se dedica a la fabricación, venta, suministro y distribución comercial de ....

53

II. Que el **CONCEDENTE** desea promover la venta de sus productos.

III. Que el **DISTRIBUIDOR** posee la organización, medios y recursos humanos y técnicos necesarios para asegurar la óptima distribución de los productos que fabrica ....

IV. Que el **CONCEDENTE** desea asegurar la difusión de sus productos en todo el territorio de .... (en adelante, la «ZONA»).

V. Que el **CONCEDENTE** está interesado en conceder la distribución exclusiva de sus productos al **DISTRIBUIDOR**.

VI. Que en atención a todo lo anteriormente manifestado, las partes contratantes han acordado la celebración y firma del presente **CONTRATO DE CONCESIÓN O DISTRIBUCIÓN COMERCIAL INTERNACIONAL** (en adelante, el «CONTRATO»), excluyéndose expresamente el carácter laboral, y que llevan a efecto mediante el presente Contrato de naturaleza mercantil y de acuerdo a las siguientes;

CLÁUSULAS

PRIMERA.- OBJETO DEL CONTRATO. El objeto de este CONTRATO es conceder al **DISTRIBUIDOR** la distribución de los productos que el **CONCEDENTE** fabrica en sus instalaciones (en adelante, los «PRODUCTOS»), obligándose a cumplir las «**CONDICIONES DE VENTA**» a que se hacen referencia en el ANEXO I y las «**CONDICIONES DE ADQUISICIÓN DEL PRODUCTO POR PARTE DEL DISTRIBUIDOR**» previstas en el ANEXO II del presente CONTRATO. Dichos ANEXOS se actualizarán anualmente, y formarán parte integrante del presente CONTRATO.

El **DISTRIBUIDOR** no podrá vender o comercializar los PRODUCTOS del **CONCEDENTE** fuera del territorio determinado. El **DISTRIBUIDOR** se obliga a no abrir ninguna sucursal ni tener ningún almacén para su distribución fuera de la ZONA en lo referido a la distribución de los PRODUCTOS. Cualquier modificación, alteración o nueva delimitación del territorio señalado, requerirá el acuerdo por escrito de las partes contratantes.

Por su parte, el **CONCEDENTE** no venderá ni comercializará en el territorio descrito, directa o indirectamente, los productos objeto de este CONTRATO, reservándose el derecho en exclusiva de distribución para sí mismo o para la persona o entidad que se designe, en el resto de los países, fuera de la ZONA acordada.

SEGUNDA.- PRECIO DE VENTA DE LOS PRODUCTOS Y FORMA DE PAGO. Durante la vigencia de este CONTRATO, los precios de venta de los PRODUCTOS, que se considerarán comprados en firme, vendrán reflejados en la tarifa correspondiente a cada «temporada de venta», salvo que se acuerden otros entre las partes a través de los pedidos y la confirmación de ésta. Ambas partes se comprometen a renegociar el precio antes pactado, cuando éste sea afectado por variaciones en el mercado internacional o por condiciones económicas, políticas y sociales extremas en el país de origen o en el de destino, en perjuicio de las partes.

El **CONCEDENTE** emitirá factura por el valor de adquisición de los PRODUCTOS suministrados, que deberá ser pagada por el **DISTRIBUIDOR** en la forma prevista en el ANEXO I. El impago de una factura sin justa causa por parte del **DISTRIBUIDOR** facultará al **CONCEDENTE** a interrumpir el suministro de los PRODUCTOS de forma automática, pudiendo rescindir el presente CONTRATO.

TERCERA.- CONDICIONES DE ADQUISICIÓN DEL PRODUCTO POR PARTE DEL DISTRIBUIDOR. Durante la duración del presente CONTRATO, el **DISTRIBUIDOR** se compromete a adquirir del **CONCEDENTE** los PRODUCTOS siguiendo las condiciones expresadas en el ANEXO II del presente CONTRATO.

CUARTA.- VOLUMEN MÍNIMO DE COMPRAS. Las partes acuerdan que, durante la duración de este CONTRATO, el **DISTRIBUIDOR** deberá cumplir con los mínimos de compra de los PRODUCTOS indicados por el **CONCEDENTE** al inicio de cada «temporada de venta».

QUINTA.- CESE EN LA FABRICACIÓN DEL PRODUCTO. Si por cualquier motivo debidamente justificado el **CONCEDENTE** dejase de fabricar o no tuviese disponible cualquiera de los productos que figuran en los ANEXOS no incurrirá en responsabilidad, siempre que se notifique al **DISTRIBUIDOR** por escrito.

SEXTA.- OBLIGACIONES DEL CONCEDENTE. El CONCEDENTE se compromete a facilitar, a solicitud del **DISTRIBUIDOR,** la formación e información que considere oportuna para aumentar las ventas del **DISTRIBUIDOR,** a fin de asegurar el mayor grado posible de conocimiento del PRODUCTO por parte del personal comercial del **DISTRIBUIDOR.**

El **DISTRIBUIDOR** es libre de fijar el precio de reventa de los productos. No obstante, el **CONCEDENTE** facilitará una lista de precios de venta al público recomendados.

SÉPTIMA.- OBLIGACIONES DEL DISTRIBUIDOR. El **DISTRIBUIDOR** venderá en su propio nombre y por su cuenta en la «ZONA» los productos que le sean suministrados por **CONCEDENTE**, esforzándose por aumentar el volumen de ventas y por defender los intereses de éste.

El **DISTRIBUIDOR** se obliga a disponer de personal suficiente, formado por técnicos del **CONCEDENTE**, para atender las consultas de los clientes de la ZONA. El **DISTRIBUIDOR** podrá contratar a representantes y comerciales para la mejor distribución del PRODUCTO. Ninguna de estas personas mantendrá una relación directa con el **CONCEDENTE**, siendo únicamente admitidas las relaciones que se desprendan del contrato establecido entre el **CONCEDENTE** y el **DISTRIBUIDOR**.

El **DISTRIBUIDOR** garantiza que tiene en la actualidad y mantendrá en un futuro las instalaciones, financiación y personal adecuados para cumplir las obligaciones que asume en méritos de este CONTRATO, sin que el cumplimiento del mismo suponga para el **DISTRIBUIDOR** costes o inversiones adicionales.

Durante la vigencia del presente CONTRATO, el **DISTRIBUIDOR** se compromete a no comercializar ni distribuir, directa o indirectamente, productos que sean competitivos y semejantes a los PRODUCTOS. Dicha obligación persistirá, en salvaguarda del *know-how* facilitado por el **CONCEDENTE** durante los .... meses siguientes a la expiración del presente CONTRATO. El DISTRIBUIDOR expresamente reconoce que la persistencia de tal medida no le supone ningún tipo de perjuicio.

OCTAVA.- ENTREGA DEL PRODUCTO. El **CONCEDENTE** entregará el PRODUCTO, en condiciones .... (INCOTERMS 2020), salvo que se acuerde otra cosa diferente.

NOVENA.- DURACIÓN DEL CONTRATO. El presente CONTRATO tendrá una duración inicial de ...., desplegando sus efectos desde la fecha de la firma del CONTRATO, siendo renovable tácitamente por periodos de tiempo iguales, mediante acuerdo escrito de ambas partes, salvo que sea denunciado por cualquiera de las partes, mediante notificación por escrito que garantice confirmación de recepción, con una antelación mínima de .... días/meses a su vencimiento, o de cualquiera de sus prórrogas. Desde dicha notificación el **CONCEDENTE** podrá vender o comercializar, directa o indirectamente, los PRODUCTOS en el territorio objeto del presente CONTRATO.

En las renovaciones del presente CONTRATO, las partes fijarán, entre otros, los productos a ser distribuidos, los precios de los mismos, así como el volumen mínimo de compras para la siguiente «TEMPORADA DE VENTA». Las partes expresamente se comprometen a acatar, a todos los efectos, el carácter temporal del presente CONTRATO. La existencia de una prórroga del presente CONTRATO, no generará expectativas a las partes acerca de subsiguientes prórrogas del CONTRATO.

DÉCIMA.- RESOLUCIÓN DEL CONTRATO. Cualquiera de las partes podrá resolver este contrato mediante notificación por escrito que garantice confirmación de recepción, en caso de incumplimiento grave por la otra parte de sus obligaciones contractuales o en caso de circunstancias excepcionales que justifiquen una resolución anticipada.

El **CONCEDENTE** podrá alegar, sin carácter limitativo, las siguientes causas de resolución:

a) El impago por parte del **DISTRIBUIDOR** de las facturas correspondientes a los suministros efectuados.

b) El incumplimiento del volumen mínimo de ventas pactado.

c) La violación de la cláusula de exclusividad de territorio o de no competencia.

d) Cualquier infracción cometida respecto a los productos originales del **CONCEDENTE** que atente contra sus derechos de propiedad industrial.

Por su parte el **DISTRIBUIDOR** podrá alegar, sin carácter limitativo, las siguientes causas de resolución:

a) El rechazo reiterado y sin justa causa de sus pedidos.

b) El incumplimiento de la reserva de exclusividad del distribuidor.

UNDÉCIMA.- PUBLICIDAD Y PROMOCIÓN. El **DISTRIBUIDOR** se compromete a publicitar el PRODUCTO o a hacer promociones en cumplimiento de la política de promoción, comunicación y *marketing* fijada por el **CONCEDENTE**. Durante el período de vigencia del presente CONTRATO y sus sucesivas renovaciones, el **DISTRIBUIDOR** podrá hacer uso de la mención «Distribuidor exclusivo de ....», y se abstendrá de ello a la finalización del mismo.

En caso de no utilizar materiales publicitarios propuestos en la actividad de promoción, el **DISTRIBUIDOR** someterá a aprobación del **CONCEDENTE** todo catálogo o literatura promocional en la que se publicite el PRODUCTO a fin de adecuarlos a la política de imagen de marca del **CONCEDENTE**.

DUODÉCIMA.- CONFIDENCIALIDAD. Las partes se comprometen a mantener bajo secreto y a mantener confidencialidad durante la vigencia del CONTRATO y con posterioridad al mismo, toda información obtenida en el contexto del mismo, entendiéndose por información confidencial, el contenido del presente CONTRATO y sus ANEXOS, y toda la información o documentos relativos a las operaciones realizadas, a las bonificaciones, descuentos practicados o al *kow-how*, que cualquiera de las partes hubiera podido conocer de la otra en virtud del presente CONTRATO, sus ANEXOS y sus posibles renovaciones.

DECIMOTERCERA.- NOTIFICACIONES. Cualquier notificación requerida bajo el CONTRATO deberá hacerse por escrito, mediante correo certificado, correo electrónico, o comunicación escrita privada siempre que se asegure la constancia del envío y recepción, dirigida a las direcciones que se señalan en el presente CONTRATO.

Cada parte podrá, mediante notificación a la otra, cambiar su domicilio para recibir dichas notificaciones.

DECIMOCUARTA.- DERECHOS DE PROPIEDAD INDUSTRIAL E INTELECTUAL. El **CONCEDENTE** es el único propietario de la totalidad de la propiedad intelectual e industrial (marca comercial, nombre registrado, derechos de copia, patentes, dibujos, modelos, etc.). El **DISTRIBUIDOR** se compromete a no cuestionar los derechos de propiedad intelectual e industrial del **CONCEDENTE**.

El **DISTRIBUIDOR** está autorizado a usar el nombre «Distribuidor autorizado de ....» para la venta de los productos, excluyéndose cualquier otro uso. Dicha denominación se usará en las instalaciones del **DISTRIBUIDOR** y en sus publicaciones promocionales y publicitarias. El **DISTRIBUIDOR** adoptará las medidas necesarias para evitar cualquier confusión entre dicha denominación y su nombre comercial.

El **DISTRIBUIDOR** se abstendrá de infringir cualquier derecho de propiedad intelectual o industrial del **CONCEDENTE**. En concreto, el **DISTRIBUIDOR** no podrá registrar o hacer que se registre, bien durante el periodo de vigencia del CONTRATO ni con posterioridad al mismo, cualquier derecho de propiedad intelectual e industrial usado por el **CONCEDENTE**.

DECIMOQUINTA.- REGISTROS. El **CONCEDENTE** declara y el **DISTRIBUIDOR** reconoce que los productos objeto de este contrato cumplen con las normas europeas, incluyendo el Marcado CE en los productos que así lo requieran. Asimismo, el **DISTRIBUIDOR** se compromete a registrar el producto en la ZONA, en los organismos Oficiales correspondientes, en nombre del **CONCEDENTE** quien aportará al **DISTRIBUIDOR** todos los documentos necesarios para realizar dichos registros, siempre que le resulte posible su obtención.

DECIMOSEXTA.- INSOLVENCIA PATRIMONIAL. Ambas partes podrán dar por terminado el presente contrato, en forma anticipada y sin necesidad de declaración judicial previa, en caso de que una de ellas fuere declarada en quiebra o concurso de acreedores, suspensión de pagos o concurso voluntario, o cualquier otro tipo de insolvencia patrimonial.

DECIMOSÉPTIMA.- SUBSISTENCIA DE LAS OBLIGACIONES. La rescisión o terminación de este CONTRATO no afecta de manera alguna a la validez y exigibilidad de las obligaciones contraídas con anterioridad, o de aquellas ya formadas que, por su naturaleza o disposición de la ley, o por voluntad de las partes, deben diferirse a fecha posterior; en consecuencia, las partes podrán exigir, aun con posterioridad a la rescisión o terminación del contrato, el cumplimiento de estas obligaciones.

DECIMOCTAVA.- CESIÓN DE DERECHOS Y OBLIGACIONES. Ninguna de las partes podrá ceder o transferir total o parcialmente los derechos ni las obligaciones derivadas de este contrato, salvo acuerdo establecido por escrito previamente.

DECIMONOVENA.- RESPONSABILIDAD CONTRACTUAL. El **CONCEDENTE** garantiza al **DISTRIBUIDOR** que las mercancías suministradas están libres de vicios o defectos de fabricación. A tales efectos el **CONCEDENTE** se compromete a reponer gratuitamente cualquier pieza defectuosa o a reparar cualquier defecto de funcionamiento, siempre que el **DISTRIBUIDOR** ponga en conocimiento del **CONCEDENTE** dicho defecto en un plazo máximo de .... días, contados a partir de la recepción de la mercancía en destino.

Quedan excluidos del plazo de garantía señalado, los defectos o perjuicios ocasionados en la mercancía vendida por causa de negligencia o manejo defectuoso por parte del **DISTRIBUIDOR**.

VIGÉSIMA.- IMPUESTOS. Todos los impuestos que graven este contrato en el país del **DISTRIBUIDOR** correrán por cuenta de éste, debiendo atender el **CONCEDENTE** los que se devenguen en su país.

VIGESIMOPRIMERA.- ANEXOS. Todos los ANEXOS del presente CONTRATO, así como todos los suscritos en el marco del mismo, se considerarán en todo su contenido, como parte integrante del CONTRATO a todos los efectos.

VIGESIMOSEGUNDA.- RESOLUCIÓN DE CONTROVERSIAS Y DETERMINACIÓN DE LA LEY APLICABLE. En caso de discrepancia en torno a la validez, ejecución o interpretación de este CONTRATO las partes se comprometen a resolverlo de forma amistosa.

No obstante, en el caso que las partes no lleguen a un acuerdo mediante negociación, las partes intervinientes acuerdan que todo litigio, discrepancia, cuestión o reclamación resultantes de la ejecución o interpretación del presente contrato o relacionados con él, directa o indirectamente, se resolverán definitivamente mediante arbitraje en el marco de la Corte de Arbitraje de ...., con sede en .... (.................), a la que se encomienda la administración del arbitraje y la designación de los árbitros, de acuerdo con su Reglamento y Estatutos, debiéndose resolver el litigio de acuerdo con la ley española.

VIGESIMOTERCERA.- CONTENIDO ÍNTEGRO. Las partes acuerdan que este CONTRATO constituye la expresión completa y exclusiva de lo convenido entre ellas y que sustituye cualquier contrato y acuerdos anteriores, caso de haberlos, de forma y manera que el presente documento se convierte en la única y vigente manifestación de sus voluntades recíprocas, sin perjuicio de aplicación supletoria de las normas generales del ordenamiento jurídico español para los casos no contemplados expresamente en el presente contrato.

Si cualquiera de sus cláusulas deviniera ilegal o no resultara procedente, será tenida por no puesta, sin que ello invalide o afecte en forma alguna a las restantes cláusulas y sin perjuicio de la voluntad de las partes de subsanar las cláusulas que resultaren prohibidas o no legalmente exigibles.

VIGESIMOCUARTA.- PROTECCIÓN DE DATOS DE CARÁCTER PERSONAL. .... en cumplimiento del Reglamento (UE) 2016/679 del Parlamento Europeo y del Consejo, de 27 de abril de 2016, relativo a la protección de las personas físicas en lo que respecta al tratamiento de datos personales y a la libre circulación de estos datos y por el que se deroga la Directiva 95/46/CE (RGPD); de la Ley 34/2002, de 11 de julio, de servicios de la sociedad de la información y de comercio electrónico (LSSICE); y, de la Ley 3/2018, de 5 de diciembre, de Protección de Datos Personales y Garantía de los Derechos Digitales (LOPDGDD), le informa de que sus datos de carácter personal se incluirán en ficheros de titularidad de ...., cuya finalidad es la gestión de proveedores, clientes, realización de los servicios contratados, seguimiento comercial de clientes y otras acciones de comunicación comercial.

.... no cederá sus datos a terceros salvo requerimiento y exigencia legal o exigencia como consecuencia de la relación jurídica. Igualmente, ... le informa que no tiene previsto transferir sus datos a un tercer país u organización internacional. No obstante, podrá, en todo momento, ejercitar su derecho al acceso de sus datos personales, su rectificación o supresión, a la limitación de su tratamiento, así como el derecho a la portabilidad de los datos, en la forma legalmente prevista; esto es, mediante comunicación remitida a ...., en la dirección de correo electrónico ...., adjuntando copia de su DNI/NIE/PASAPORTE.

Los datos se conservarán durante el tiempo que se mantenga la colaboración, salvo que ejercite sus derechos de control y, después, por el tiempo necesario para el cumplimiento de cualquier obligación legal o derivada de la relación jurídica preexistente.

VIGESIMOQUINTA.- MODIFICACIONES. Los términos del presente CONTRATO no podrán ser alterados, renunciados o modificados ni cancelados, excepto por declaración expresa por escrito de las partes contratantes. Además, las partes manifiestan que no existen declaraciones, ni compromisos verbales o escritos que no hayan sido incorporados al presente CONTRATO.

Y, en prueba de conformidad con todo lo establecido en el presente contrato, ambas partes lo firman en dos ejemplares, en el lugar y fecha señalados en el encabezamiento.

Fdo. EL CONCEDENTE | Fdo. EL DISTRIBUIDOR

Anexo I: condiciones de venta

Anexo II: condiciones de adquisición del producto por parte del distribuidor

4.

EL CONTRATO DE FRANQUICIA COMERCIAL INTERNACIONAL

La franquicia internacional es un contrato complejo de un gran empleo en la actualidad en razón de los beneficios que reporta a los intervinientes. En el mismo se hacen presentes elementos de otras modalidades contractuales (como son la compraventa, la asistencia técnica, la concesión o licencia de derechos de propiedad intelectual e industrial, etc.) y se exige una estrecha colaboración entre las partes. Nos encontramos ante aquella relación por medio de la cual un empresario (denominado franquiciador o franquiciante) pone a disposición de otro empresario independiente (denominado franquiciado) la posibilidad de explotar en un determinado territorio una «concepción global de empresa», con el objeto de producir y/o comercializar los productos o servicios del primero, a cambio de lo cual recibirá una contraprestación económica.

Dos son los factores que motivan la formalización de un contrato de franquicia comercial internacional: por un lado, la transmisión de *know-how*, esto es, de un conjunto de conocimientos prácticos no patentados, derivados de la experiencia de un empresario, verificados por éste en la práctica, y relativos a la venta de productos, o a la prestación de servicios a los consumidores (p. ej., la presentación de productos para su venta, las relaciones con la clientela, la gestión administrativa y financiera, etc.); y, por otro lado, la cooperación comercial, con la idea de establecer una red de distribución con identidad común y mediante inversiones económicas limitadas.

La razón fundamental del éxito del contrato de franquicia comercial internacional es que resulta el vínculo ideal entre los grandes capitales y las *pymes*, además de ser una estrategia de diversificación y *marketing* extraordinaria, como sistema de comercialización de un producto o servicio, ya que permite no sólo la expansión geográfica y la conquista de mercados desconocidos, ocupar zonas, controlar la distribución de los productos en dichas zonas, sino también valorizar la marca.

La franquicia es un conjunto de derechos de propiedad industrial o intelectual relativos a marcas, nombres comerciales, rótulos de establecimientos, modelos, diseños, derechos de autor, *know-how* o patentes, que deben explotarse para la venta de productos o prestación de servicios.

Por tanto, el contrato de franquicia comercial internacional es aquel acuerdo en virtud del cual, a cambio de una contraprestación económica directa o indirecta, el «franquiciador» (también denominado, «franquiciante»), cede a otra parte, denominada «franquiciado», el derecho a la explotación de una franquicia, para comercializar determinados productos o servicios.

A continuación, se acompaña modelo de contrato de franquicia comercial internacional.

Modelo de contrato de franquicia comercial internacional

(**Advertencia**: este modelo de contrato se acompaña a título meramente ilustrativo ya que, para la correcta formalización de un contrato de franquicia comercial internacional, como para la de cualquier otro, se recomienda contar con el asesoramiento de un especialista en la materia).

CONTRATO DE FRANQUICIA COMERCIAL INTERNACIONAL

ENTRE

....

Y

....

En ...., a .... de .... de 20....

REUNIDOS

De una parte, D./Dña. ...., con N.I.F.: ...., actuando en nombre y representación de .... que tiene su domicilio social en ...., provisto de CIF número ...., (en adelante, el **FRANQUICIADOR**).

Y, de otra parte, D./Dña. .... mayor de edad, provisto de CIF/ N.º DE PASAPORTE: .... y con domicilio en ...., actuando en su propio nombre y derecho, y con domicilio en ...., (en adelante, el **FRANQUICIADO**).

Ambas partes comparecen gozando de la necesaria capacidad jurídica y de obrar para el otorgamiento del presente **CONTRATO DE FRANQUICIA COMERCIAL INTERNACIONAL**, en su propio nombre, derecho e interés, y a los fines del presente Contrato, conforme a las siguientes

ESTIPULACIONES

PRIMERA.- CONCESIÓN DE LA FRANQUICIA COMERCIAL INTERNACIONAL. Por medio del presente Contrato, el **FRANQUICIADOR** concede al **FRANQUICIADO** el derecho a abrir un centro de venta al detalle denominado .... y situado en ...., de conformidad con las estipulaciones que se establecen en el presente Contrato. Este punto de venta debe estar abierto antes de ....

El **FRANQUICIADO** asume la obligación de utilizar los activos comerciales entre los que se incluyen los Títulos de Propiedad Industrial sobre la marca registrada «.........», así como, el logotipo distintivo de la empresa, símbolos, emblemas, eslóganes y rótulos de establecimiento de conformidad con las previsiones establecidas en el presente Contrato; obligándose a seguir rigurosamente las normas y directrices establecidas por el **FRANQUICIADOR**, así como, su eventual modificación y/o actualización posterior.

La concesión referida en el párrafo anterior quedará limitada exclusivamente al territorio de ...., así como, a los productos seleccionados para la actividad de franquicia, y por el tiempo de duración del presente Contrato.

El **FRANQUICIADOR** mantiene la propiedad exclusiva de las marcas, signos distintivos y demás derechos de propiedad industrial e intelectual cedidos, sin que puedan ser transferidos, cedidos, arrendados, o traspasados a terceros, sin el consentimiento previo y por escrito a su titular.

SEGUNDA.- INDEPENDENCIA ENTRE LAS PARTES. Ambas Partes declaran formalmente que son dos empresarios independientes y que entre ellos sólo existe una relación contractual mercantil de franquicia comercial internacional. El **FRANQUICIADOR** no será responsable, en ningún caso, del incumplimiento de las obligaciones asumidas por el **FRANQUICIADO** en el ejercicio de su actividad, exonerando expresamente al **FRANQUICIADOR** de cualquier responsabilidad al respecto.

TERCERA.- FRANQUICIA AUTORIZADA Y APERTURA DE ESTABLECIMIENTO. La autorización concedida por el **FRANQUI-CIADOR** al **FRANQUICIADO**, por medio del presente Contrato, se limita a la apertura de .... establecimientos, sitos en ...., correspondiente, uno de ellos, al establecimiento indicado en la **ESTIPU-LACIÓN PRIMERA**, y, el otro establecimiento, a otra tienda que tendrá que abrirse al público en el plazo máximo que se establezca en el presente Contrato, en condiciones de exclusividad de territorio, únicamente en venta *off line* y sobre los productos de temporada de las marcas objeto del presente Contrato, siempre que por el FRAN-QUICIADO se respeten las condiciones establecidas en el mismo.

El **FRANQUICIADO** deberá abrir al público un segundo establecimiento en el plazo de ...., a contar desde la firma del presente Contrato. En caso de no cumplirse esta obligación, el **FRANQUI-**

CIADOR se reserva el derecho de optar entre la suspensión de los efectos de este Contrato o la resolución del mismo.

CUARTA.- DURACIÓN DEL CONTRATO. El presente Contrato entrará en vigor en el día de su firma y tendrá una duración de .... años, renovándose automáticamente por periodos de .... años si, llegado el plazo de vencimiento del Contrato o de cualquiera de sus prórrogas, ninguna de las Partes hubiera manifestado su voluntad de no renovar el Contrato con, al menos, ... meses de antelación a la fecha de vencimiento del Contrato, a cuyo fin quedará sin efecto alguno, sin que ninguna de las Partes pueda reclamar a la otra indemnización alguna por la extinción del Contrato por transcurso del plazo pactado.

El Contrato será prorrogado para las sucesivas temporadas comerciales, siempre y cuando, una de las partes no comunique a la otra su voluntad expresa e inequívoca por escrito con una anterioridad de ... meses al comienzo de la temporada comercial sucesiva.

QUINTA.- ADECUACIÓN DE LA FRANQUICIA COMERCIAL AUTORIZADA. IMAGEN CORPORATIVA. El **FRANQUICIADO** se obliga a instar y a equipar su establecimiento comercial de acuerdo con las instrucciones del **FRANQUICIADOR** y teniendo en cuenta las características de la franquicia, no pudiendo comercializar en su establecimiento comercial ningún producto que no sea del **FRAN-QUICIADOR**. El **FRANQUICIADO**, con el visto bueno del **FRANQUI-CIADOR**, realizará proyectos de acondicionamiento del local, de su decoración y, en su caso, de su reforma.

Todos los materiales que el **FRANQUICIADOR** ponga a disposición del **FRANQUICIADO** son de propiedad del **FRANQUICIADOR**, salvo acuerdo de las Partes. Del mismo modo, todo cambio en la superficie de ventas, o en el local en general, requiere la conformidad escrita y por anticipado del **FRANQUICIADOR**. No obstante, el montaje e instalación del establecimiento correrá a cargo del FRANQUICIADO, siendo éste el único responsable respecto a los contratistas escogidos.

SEXTA.- LICENCIA SOBRE TÍTULOS DE PROPIEDAD INTELEC-TUAL E INDUSTRIAL. Con la suscripción del presente Contrato y dentro de los límites y condiciones previstos en el mismo, el **FRAN-QUICIADOR** autoriza al **FRANQUICIADO** al uso no exclusivo de los derechos de Propiedad Intelectual e Industrial, *know-how* y la Imagen Corporativa ...., únicamente para la explotación de la franquicia autorizada, de conformidad en cada momento con las indicaciones del **FRANQUICIADOR**.

SÉPTIMA.- ASISTENCIA DEL FRANQUICIADOR AL FRANQUI-CIADO. El **FRANQUICIADOR** pondrá su experiencia y sus conocimientos especializados a disposición del **FRANQUICIADO**, prestándole asesoramiento e información sobre los planes comerciales, promoción de ventas, acondicionamiento del local, equipamiento, formación del personal, surtidos de productos, *marketing*, plan de gestión en general y sobre las demás circunstancias que influyan en la rentabilidad de la empresa. En particular, estará obligado a:

a) Realizar proyectos de acondicionamiento y decoración externos e internos del establecimiento franquiciado.

b) Dirigir la apertura del establecimiento. A tal efecto, proporcionará al personal dependiente del **FRANQUICIADO** la formación inicial y el entrenamiento necesario para la puesta en marcha y la gestión subsiguiente del establecimiento, antes de la apertura del mismo.

c) Formar al **FRANQUICIADO**, o al Director-Gerente, en lo referente a la Clientela, cuidado de la mercancía, administración en general y dirección de personal.

d) Desarrollar las técnicas de marketing y de publicidad de la totalidad de la red de franquicias.

e) Prestar un continuo apoyo y asesoramiento al **FRANQUI-CIADO** en la dirección de la empresa.

Si como consecuencia de la comprobación realizada por el **FRANQUICIADOR**, se desprendiera la necesidad de cambios en el establecimiento que contribuyan a un óptimo aprovechamiento de las posibilidades económicas, así como, a la uniformidad y eficacia del sistema de franquicia, el **FRANQUICIADO** estará obligado a realizar, de acuerdo con las instrucciones del **FRANQUICIADOR**, los cambios recomendados. El **FRANQUICIADO** respetará fielmente, en la gestión de su establecimiento, las directrices o normas que en todo momento dicte el **FRANQUICIADOR** y se atendrá en el desarrollo de su actividad comercial a la información, instrucciones y asistencia recibida o que reciba del **FRANQUICIADOR**.

OCTAVA.- FORMACIÓN. El **FRANQUICIADOR** se compromete a formar, previo al inicio de la actividad, al personal que vaya a prestar sus servicios. Esta formación será impartida por personal del **FRANQUICIADOR** en el local de éste o a través de cualquier medio de comunicación bidireccional (como, por ejemplo: videollamada, correo electrónico, etc.). El **FRANQUICIADOR** podrá desarrollar, en el lugar que al efecto designe en cada caso, diversos cursos de reciclaje de cuyo contenido y precio se dará cumplida información al

FRANQUICIADO. Se recomienda que todos los franquiciados asistan a los indicados cursos, cuyo coste, dietas y gastos de desplazamiento serán a cargo del **FRANQUICIADO.**

NOVENA.- OPERATIVA COMERCIAL. La operativa comercial pretende que el **FRANQUICIADO** pueda adquirir la mercancía al **FRANQUICIADOR,** en unas condiciones ventajosas, considerando tanto el precio, como la forma de pago y la logística de entrega de la mercancía, simplificando la administración de los pedidos y disminuyendo la inversión a realizar en el *stock* de Productos. Una vez el **FRANQUICIADOR** haya suministrado los Productos al **FRANQUICIADO,** los mismos pasarán a ser propiedad del **FRANQUICIADO.** El **FRANQUICIADO** asume el compromiso de custodiar los Productos suministrados con la diligencia propia de un ordenado comerciante. El **FRANQUICIADO** responderá de todos los deterioros y faltas que sufran los Productos suministrados en su poder.

El **FRANQUICIADO** deberá escoger los Productos que en cada momento necesite, dentro de una gama cerrada de Productos previamente seleccionados y determinados conforme al arbitrio del **FRANQUICIADOR.** Una vez estén disponibles, los Productos seleccionados serán enviados al **FRANQUICIADO** a portes pagados. Por cada una de las entregas de Productos se generará un albarán de depósito donde constarán los extremos que identifiquen los Productos escogidos por el **FRANQUICIADO** y entregados a éste en depósito.

DÉCIMA.- EXPOSICIÓN DE PRODUCTOS. El **FRANQUICIADO** se obliga a disponer en todo momento en la tienda del *stock* de Productos necesario con la finalidad de garantizar el correcto abastecimiento del local y atención al Cliente, debiendo atenerse a las indicaciones del **FRANQUICIADOR** en cuanto a la imagen y organización, a fin de mantener surtidos los expositores y demás espacios dedicados a la exhibición de los Productos. A este respecto, el **FRANQUICIADO** conoce y acepta el carácter esencial de mantener completamente surtidos los expositores establecidos en el Proyecto de decoración.

DECIMOPRIMERA.- ENTREGA DE MERCANCÍA. A la entrega de la mercancía por parte del **FRANQUICIADOR,** las unidades de Producto recibidas y el estado de estas serán incorporados al sistema informático el cual, monitorizará en todo momento las recepciones de mercancía y las ventas de la misma. En caso de disconformidad, el **FRANQUICIADO** deberá manifestar por escrito al **FRANQUICIADOR** en un plazo máximo de .... días hábiles, transcurridos los cuáles sin la indicada notificación, se considerará que la mercancía ha sido recibida y examinada a plena satisfacción.

DECIMOSEGUNDA.- PAGOS Y FACTURACIÓN. El FRANQUI-CIADOR emitirá, para cada operación comercial, una factura proforma con cargo al **FRANQUICIADO** correspondiente a las compras realizadas por este último, con indicación expresa de la forma de pago.

DECIMOTERCERA.- POLÍTICA COMERCIAL Y PRECIOS DE VENTA AL PÚBLICO. El **FRANQUICIADO** se compromete a seguir y respetar la política comercial, de descuentos y promociones definida por el **FRANQUICIADOR**.

El **FRANQUICIADOR** facilitará al **FRANQUICIADO** una lista de precios de venta al público recomendados de los Productos del **FRANQUICIADOR**, recogidos en el ANEXO I del presente Contrato. El **FRANQUICIADO** no aplicará, en ningún caso, precios a pérdida o que supongan una competencia desleal para otros puntos de venta de la red del **FRANQUICIADOR** y colaborará lealmente con el **FRANQUICIADOR** ateniéndose a las sugerencias que aquel le haga con el fin de garantizar que las campañas de promoción, ofertas y ventas especiales sean homogéneas en los distintos puntos de venta de la red del **FRANQUICIADOR**.

DECIMOCUARTA.- OBJETIVOS. Con el objeto de facilitar, en el interés común de las partes, la plena eficacia de su colaboración, el **FRANQUICIADO** se compromete a comprarle al **FRANQUICIA-DOR** un mínimo de euros a partir del año 20..., éste incluido, de ....€ por año, ... de ellos durante el primer semestre incrementándose este compromiso en un .... % anual, comprometiéndose, igualmente, a la apertura del segundo establecimiento de venta en el plazo establecido en la **ESTIPULACIÓN CUARTA** del presente Contrato.

DECIMOQUINTA.- OBLIGACIÓN DE INFORMACIÓN. El FRAN-QUICIADO se obliga a facilitar al **FRANQUICIADOR** los datos económicos y comerciales que se le recaben, por cualquier vía, en la forma y periodicidad establecidas en dichas directrices. El **FRANQUICIADO** se compromete a prestar su total y leal colaboración al **FRANQUI-CIADOR**, entregando informaciones, documentos, fotocopias de extractos contables o documentos mercantiles que le dan soporte, y datos verdaderos, correctos y completos, y, en ningún caso, falsos o tendenciosos. Como mínimo, el **FRANQUICIADO** entregará en el formato y detalle que le indique el **FRANQUICIADOR**:

a) Mensualmente sus ventas conforme al formulario facilitado por el **FRANQUICIADOR** a través de su cumplimentación en el sistema informático.

b)   Anualmente un balance y cuenta de explotación anual conforme al formulario facilitado por el **FRANQUICIADOR** a través de su cumplimentación en el sistema informático.

DECIMOSEXTA.- INSPECCIÓN OPERACIONAL. Con la finalidad de velar por la excelencia del servicio y atención a los franquiciados, el **FRANQUICIADOR**, por si o por terceros, podrá acceder al local a los efectos de inspeccionar y controlar la gestión y explotación del mismo, y si el **FRANQUICIADO** cumple con las directrices del **FRANQUICIADOR** sobre imagen y organización.

El **FRANQUICIADOR** emitirá los informes de evaluación en interés de la tienda y del conjunto de las tiendas de la marca, y basados en parámetros objetivos y comunes a todos los miembros de la cadena. En caso de que el **FRANQUICIADOR** emita un número de .... informes de evaluación negativos en el plazo máximo de .... meses, éste podrá optar por resolver el Contrato.

Asimismo, el **FRANQUICIADOR** podrá enviar un servicio de *mistery shopping* para que, sin identificarse, reporte sobre la correcta explotación conforme a las directrices marcadas por la franquicia.

DECIMOSÉPTIMA.- CONFIDENCIALIDAD. El **FRANQUICIADO** se obliga a mantener la confidencialidad de la Información Confidencial y, en particular:

a)   Utilizará tal información únicamente a los efectos previstos en el presente Contrato.

b)   Facilitará tal información únicamente a aquellos de sus empleados y colaboradores que necesiten tener acceso a la misma a los fines de este Contrato y bajo condición expresa de reserva.

c)   Si tuviera conocimiento de cualquier abuso o comunicación no autorizada de la Información Confidencial, lo notificará al **FRANQUICIADOR** de forma inmediata y tomará las medidas para evitar futuros abusos o comunicaciones no autorizadas y para minimizar los perjuicios que resultasen de las mismas.

El **FRANQUICIADO** será responsable del cumplimiento, por parte de sus empleados y colaboradores a quienes sea revelada Información Confidencial por causa del presente Contrato, de los compromisos de confidencialidad regulados en la presente estipulación.

DECIMOCTAVA.- SEGUROS. El **FRANQUICIADO** se compromete a contratar y mantener vigentes, durante toda la vigencia del presente Contrato, una o varias pólizas de seguro, con una compañía de seguros de primer nivel, referido al continente y al contenido del local que cubra los riesgos de incendios, robos y daños por inundación o siniestro de la mercancía, así como, un seguro de responsabilidad civil frente a terceros.

El **FRANQUICIADO** está obligado a justificar documental y anualmente al **FRANQUICIADOR** la vigencia de las pólizas, pudiendo el **FRANQUICIADOR** si lo estima oportuno, recabar esa información directamente de las compañías de seguros.

DECIMONOVENA.- PROHIBICIÓN DE COMPETENCIA. El **FRANQUICIADO** se compromete a no hacer competencia, directa o indirecta, al **FRANQUICIADOR** durante la vigencia del presente Contrato, tanto en nombre propio como ajeno; y, en particular, no podrá comercializar en su establecimiento comercial franquiciado ningún producto que no sea del **FRANQUICIADOR**.

Tras la terminación del presente Contrato, el **FRANQUICIADO** se obliga durante un año a no hacer competencia, directa o indirecta, al **FRANQUICIADOR**. El **FRANQUICIADO** reconoce que tal limitación no le supone perjuicio económico alguno.

VIGÉSIMA.- RESOLUCIÓN DEL CONTRATO. Las Partes contratantes podrán resolver el presente Contrato de acuerdo con las siguientes causas y sin sujeción a plazo alguno:

a) El incumplimiento por cualquiera de las partes, de alguna de las obligaciones asumidas en el presente Contrato, y una vez haya transcurrido un plazo de .... días sin que se hubiese producido la subsanación de tal incumplimiento.

b) La paralización de la actividad del **FRANQUICIADOR** o del **FRANQUICIADO**.

c) La solicitud judicial de suspensión de pagos o quiebra de cualquiera de las Partes.

d) Cuando las autorizaciones previstas para el ejercicio de la actividad de franquicia sean reiteradamente denegadas.

e) Cuando el **FRANQUICIADO** venda o ceda, total o parcialmente, su empresa a un tercero, y el **FRANQUICIADOR** no otorgue su consentimiento respecto al Contrato de franquicia en vigor.

f) Cuando el **FRANQUICIADO** utilice de forma contraria a la establecida en el Contrato los derechos de propiedad industrial.

g) Cuando el **FRANQUICIADO** divulgue a terceros secretos comunicados o facilite información recibida por el **FRANQUICIADOR**.

Sin perjuicio de lo establecido anteriormente, las Partes podrán rescindir el presente Contrato en el caso de infracción de cualquier obligación prevista en el mismo, tras enviar un requerimiento escrito a la parte que haya incumplido el Contrato y no se produzca subsanación de ese incumplimiento o cuando la infracción se repita.

Cuando el Contrato se resuelva por culpa del **FRANQUICIADO**, éste deberá de abstenerse a utilizar los signos distintivos cedidos y correrá con los gastos de retirada del establecimiento comercial de los rótulos, distintivos y signos cedidos, así como, de cualquier equipamiento que permita identificar el local con el **FRANQUICIADOR** o red de franquicias.

VIGESIMOPRIMERA.- OBLIGACIONES POSTCONTRACTUALES. Una vez finalizada la vigencia del presente Contrato, cualquiera que sea la causa de dicha finalización, el **FRANQUICIADO** se obliga a entregar al **FRANQUICIADOR** cualquier documentación referida al *know-how* que obre en su poder, sin retener copia alguna, total o parcial y cualquiera que sea su soporte, de la misma. Especialmente, el **FRANQUICIADO** asume el compromiso de entregar al **FRANQUICIADOR**, sin retener copia alguna, total o parcial y cualquiera que sea su soporte, manuales o posibles actualizaciones recibidas por el **FRANQUICIADOR**.

El **FRANQUICIADOR** tendrá el derecho, que podrá ejercitar durante los .... días siguientes a la fecha de requerimiento dando por resuelto el Contrato, de retirar de las instalaciones del Franquiciado tanto el mobiliario y materiales específicos del **FRANQUICIADOR**, así como, las existencias del Producto. En caso de que el **FRANQUICIADOR** ejerza este derecho, el **FRANQUICIADO** colaborará activamente en la puesta a disposición de dichos elementos a favor del **FRANQUICIADOR**.

VIGESIMOSEGUNDA.- FONDO DE COMERCIO. El **FRANQUICIADO** reconoce que cualquier fondo de comercio relacionado con la marca y/o el *know-how* licenciados por el **FRANQUICIADOR** pertenecen a éste. El **FRANQUICIADO** renuncia expresamente a cualquier indemnización que, a la finalización de la vigencia de este Contrato, pudiera pretender relacionarse con el fondo de comercio, con la marca y/o el *know-how* licenciados por el **FRANQUICIADOR** y con la del **FRANQUICIADO** o cualquier otro concepto indemnizatorio asociado a la terminación de la vigencia del presente Contrato.

VIGESIMOTERCERA.- PROTECCIÓN DE DATOS DE CARÁCTER PERSONAL. El **FRANQUICIADOR** en cumplimiento del Reglamento (UE) 2016/679 del Parlamento Europeo y del Consejo, de 27 de abril de 2016, relativo a la protección de las personas físicas en lo que respecta al tratamiento de datos personales y a la libre circulación de estos datos y por el que se deroga la Directiva 95/46/CE (RGPD); de la Ley 34/2002, de 11 de julio, de servicios de la sociedad de la información y de comercio electrónico (LSSICE); y, de la Ley 3/2018, de 5 de diciembre, de Protección de Datos Personales y Garantía de los Derechos Digitales (LOPDGDD), le informa de que sus datos de carácter personal se incluirán en ficheros de titularidad del **FRAN-QUICIADOR**, cuya finalidad es la gestión de proveedores, clientes, realización de los servicios contratados, seguimiento comercial de clientes y otras acciones de comunicación comercial.

El **FRANQUICIADOR** no cederá sus datos a terceros salvo requerimiento y exigencia legal o exigencia como consecuencia de la relación jurídica. Igualmente, el **FRANQUICIADOR** le informa que no tiene previsto transferir sus datos a un tercer país u organización internacional. No obstante, podrá, en todo momento, ejercitar su derecho al acceso de sus datos personales, su rectificación o supresión, a la limitación de su tratamiento, así como el derecho a la portabilidad de los datos, en la forma legalmente prevista; esto es, mediante comunicación remitida al **FRANQUICIADOR**, en la dirección de correo electrónico ...., adjuntando copia de su DNI/NIE/PASAPORTE.

Los datos se conservarán durante el tiempo que se mantenga la colaboración, salvo que ejercite sus derechos de control y, después, por el tiempo necesario para el cumplimiento de cualquier obligación legal o derivada de la relación jurídica preexistente.

VIGESIMOCUARTA.- NOTIFICACIONES. Cualquier notificación requerida bajo el presente Contrato deberá hacerse por escrito, mediante fax, correo certificado, correo electrónico, o comunicación escrita privada siempre que se asegure la constancia del envío y recepción, dirigida a las direcciones que se señalan a continuación.

Cada parte podrá, mediante notificación a la otra, cambiar su domicilio para recibir dichas notificaciones.

FRANQUICIADOR ....
- Domicilio: ....
- Teléfono: ....
- E-mail: ....
- Web: ....

FRANQUICIADO ....
- A la atención de: D./Dña. ....

- Domicilio: ....
- Teléfono: ....
- Email: ....

VIGESIMOQUINTA.- RESOLUCIÓN DE CONTROVERSIAS Y LEY APLICABLE. En caso de discrepancia en torno a la validez, ejecución o interpretación de este Contrato las partes se comprometen a resolverlo de forma amistosa. No obstante, en el caso que las partes no lleguen a un acuerdo mediante negociación, las partes intervinientes acuerdan que todo litigio, discrepancia, cuestión o reclamación resultantes de la ejecución o interpretación del presente contrato o relacionados con él, directa o indirectamente, se resolverán definitivamente mediante arbitraje en el marco de la Corte de Arbitraje de ...., con sede en .... (.........), a la que se encomienda la administración del arbitraje y la designación de los árbitros, de acuerdo con su Reglamento y Estatutos, debiéndose resolver el litigio de acuerdo con la ley española.

Y, en prueba de conformidad, se otorga el presente documento, por duplicado, firmados ambos ejemplares por ambas partes y quedando un ejemplar en poder de cada una de ellas, en el lugar y fecha señalados en el encabezamiento.

EL FRANQUICIADOR | EL FRANQUICIADO

Fdo. D./Dña. | Fdo. D./Dña.

Anexo I: lista de precios de venta al público recomendados

5.

EL CONTRATO DE *JOINT VENTURE* INTERNACIONAL

La internacionalización empresarial exige tener ciertos conocimientos acerca de los riesgos jurídicos que puede plantear cualquier operación comercial internacional. Una de las estrategias de internacionalización empresarial más utilizada en estos momentos por todo tipo de empresas, incluidas las españolas, para la difusión de sus productos es el contrato de *joint venture* internacional.

La Comisión Europea define la *joint venture* como «una empresa sujeta al control conjunto de dos o más empresas que son económicamente independientes la una de la otra». Su utilización en el comercio internacional se fundamenta en la imposibilidad para un empresario individual de poner los medios necesarios para la creación de una empresa o la distribución de un producto en un mercado extranjero. Nos encontramos, pues, ante una modalidad contractual muy compleja y minuciosa, ya que no se puede hablar de un contrato estándar con unas características comunes para todas las materializaciones del acuerdo, sino que hay que estudiar cada caso concreto.

Independientemente de la denominación que le demos —empresa mixta, sociedad mixta, empresa conjunta u otra—, la idea que subyace a la *joint venture* es la de que varias empresas decidan aunar esfuerzos con el fin de complementarse, y, aun perdiendo cierta autonomía, conseguir juntas objetivos que serían inalcanzables de forma individual. La negociación de una *joint venture* ha de llevarse a cabo analizando hasta el más mínimo detalle, ya que una inadecuada gestión conducirá al fracaso; además, durante el curso de las negociaciones, las empresas interesadas deberán analizar, entre otras cuestiones, la forma de obtener los mejores resultados, si el compromiso contractual va a ser a largo o a corto plazo y las consecuencias que ello implica.

Ante la ausencia de una definición legal, se hace necesario construir un concepto de *joint venture* internacional. Por *joint venture* internacional se puede entender «la forma de cooperación entre empresas que gozan de autonomía, jurídica y económica, radicadas en países diferentes, bien mediante la constitución de una empresa común —con personalidad jurídica propia y órganos de administración independientes de las empresas asociadas, pero controlada por las mismas—, o a través de la firma de un contrato, con el fin de llevar a cabo, de forma conjunta, una actividad determinada, provisional o duradera en el tiempo, dotándola de apoyo técnico, financiero o comercial de sus propias empresas, a través de aportaciones de capital, tecnología y/o *know-how*, y/o mano de obra».

A continuación, se acompaña modelo de contrato de *joint venture* internacional.

Modelo de contrato de *joint venture* internacional

(**Advertencia**: este modelo de contrato se acompaña a título meramente ilustrativo ya que, para la correcta formalización de un contrato de *joint venture* internacional, como para la de cualquier otro, se recomienda contar con el asesoramiento de un especialista en la materia).

CONTRATO DE JOINT VENTURE INTERNACIONAL

ENTRE

....

Y

....

En .... (.........), a .... de .... de 20...

REUNIDOS

De una parte, **D./DÑA.** ...., mayor de edad, con DNI número .... en representación de la mercantil ...., con domicilio en ...., provisto de CIF número........., actuando como Concedente (en adelante, «**AAA**»); y

De otra parte, **D./DÑA.** ...., mayor de edad, con DNI número .... en representación de la mercantil ...., con domicilio en ...., provisto de CIF número........., actuando como Distribuidor (en adelante, «**BBB**»).

Ambas partes, se reconocen capacidad legal en Derecho suficiente para suscribir el presente **CONTRATO DE *JOINT VENTURE* INTERNACIONAL**. Por ello, a tal efecto, libremente y de común acuerdo,

EXPONEN

I. Que la Empresa «**AAA**» es una sociedad dotada de personalidad jurídica con nacionalidad ...., que cuenta con una amplia experiencia en el sector ...., cuya actividad principal es ....

II. Que la Empresa «**BBB**» es una sociedad dotada de personalidad jurídica con nacionalidad ...., que cuenta con una amplia experiencia en el sector ...., cuya actividad principal es ....

79

III. Que, de conformidad con lo expuesto anteriormente, estando las Partes de acuerdo y reconociéndose capacidad legal suficiente para contratar y obligarse mutuamente, manifiestan su intención y voluntad de llevar a cabo una colaboración mercantil, con sujeción a un **CONTRATO DE *JOINT VENTURE* INTERNACIONAL** para con el fin de regular la actividad conjunta, y que se someten a las siguientes:

CLÁUSULAS

PRIMERA.- OBJETO. El presente Contrato tiene por objeto establecer las obligaciones recíprocas de las Partes que regularán la actividad conjunta con el objetivo principal de mejorar los resultados económicos de ambas Partes.

A tales efectos, **AAA** realizará las actividades propias de su especialización conforme se ha indicado en el **EXPOSITIVO I**, con el fin de lograr una optimización económica para **BBB** en la realización de la actividad que le es propia, a la que se ha hecho referencia en el **EXPOSITIVO II** del presente Contrato, considerándose proyectos regulados por este Contrato aquellos en los que exista cualquier tipo de intervención de **AAA** o aquellos que se realicen con proveedores considerados *partners* de **AAA** en el listado del **ANEXO I**.

El presente Contrato se considerará en todos los aspectos como un *Joint Venture* entre las Partes, y nada en este Contrato se interpretará para crear una sociedad o cualquier otra relación fiduciaria entre las Partes.

SEGUNDA.- ÁMBITO GEOGRÁFICO. El ámbito de actuación de la *Joint Venture* se centrará exclusivamente en todo el territorio de ....

TERCERA.- BENEFICIOS DE LOS PROYECTOS Y MODO DE FACTURACIÓN. Los beneficios de los proyectos que se incluyan en el ámbito de aplicación del presente Contrato, se dividirán al .... % entre las Partes.

Los proyectos se facturarán por ...., mensualmente, por proyecto, conforme a la fórmula siguiente:

Facturación estimada menos coste estimado dividido entre los meses de duración de la *Joint Venture*. Al finalizar, se realizará una regulación sobre la estimación inicial, que se compensará tanto en positivo como en negativo al mes siguiente de la compensación final. Se incluye, como **ANEXO II**, simulación de facturación a modo ejemplificativo.

A tales efectos del correcto desarrollo del procedimiento de facturación indicado, se establece un deber de información entre las

Partes con respecto a la documentación relativa a los proyectos incluidos en el ámbito de aplicación del presente Contrato. Por ello, al cierre de cada uno de los proyectos, tanto **AAA** como **BBB** deberán presentar, de forma recíproca a la otra Parte, los documentos necesarios para poder efectuar adecuadamente la compensación final, atendiendo al resultado del proyecto finalizado.

La documentación aportada deberá ser aquella que, conforme a los usos de la actividad, represente con claridad los aspectos económicos que permitan la compensación, estando obligadas las Partes a contestar las aclaraciones que, en su caso, se soliciten por la otra Parte, con respecto a la documentación que se le haya aportado.

El incumplimiento de la obligación de información y traslado de la documentación necesaria para la compensación, una vez finalizado el proyecto de que se trate, se considerará un incumplimiento, y podrá dar lugar a la resolución del Contrato conforme al procedimiento establecido en la **CLÁUSULA OCTAVA**, respondiendo la Parte incumplidora de los daños y perjuicios que se ocasionen a la otra parte como consecuencia de su incumplimiento, así como de las penalizaciones que en su caso pudieran corresponderle.

La facturación se realizará **al mes siguiente de la fecha de inicio** correspondiente a cada proyecto incluido en el presente Contrato, el día .... de cada mes, cobrándose, como máximo, el .... del mismo mes de la emisión de la factura.

CUARTA.- OBLIGACIONES Y FACULTADES DE LAS PARTES.
Los deberes y obligaciones de las Partes serán los siguientes:

OBLIGACIONES DE AAA. Son las siguientes:

- ....

- ....

OBLIGACIONES DE BBB. Son las siguientes:

- ....

- ....

Independientemente de lo escrito con anterioridad, las Partes acuerdan que conjuntamente son los operadores y como tales tendrán el control de todas las operaciones y actividades que consideren necesarias para una técnica eficiente y económica, que permita el desarrollo del objeto del Contrato y el logro de sus fines. Además, las Partes deberán proceder con la diligencia, prudencia, buena fe y lealtad de un ordenado comerciante.

QUINTA.- GASTOS. Salvo pacto en contrario por escrito entre las Partes, los gastos por la actividad objeto del presente Contrato, se dividirán del modo que sigue:

AAA asumirá, en exclusiva, los siguientes gastos:

– ....

– ....

BBB asumirá, en exclusiva, los siguientes gastos:

– ....

– ....

Las Partes asumirán, al 50 % los siguientes gastos:

– ....

SEXTA.- NO COMPETENCIA. Las partes podrán realizar libremente proyectos siempre que no se eluda el cumplimiento de las cláusulas establecidas en el presente Contrato, considerándose que se está cometiendo un incumplimiento siempre que .... contacte con algún cliente de .... para ofrecer sus servicios de forma directa, o bien se realicen por parte de .... proyectos, sin sujetarse a los acuerdos del presente Contrato, para proveedores incluidos en el listado que se incorpora como **ANEXO I** del presente Contrato, o para cualquier proveedor domiciliado en España.

La indemnización por la realización, total o parcial, de cualquier tipo de proyecto sin respetar la anterior cláusula de no competencia, o por el ofrecimiento, por parte de .... de sus servicios a algún cliente actual de ...., será el importe de beneficio medio obtenido por la parte perjudicada por el incumplimiento en el ejercicio anterior al momento de producirse el mismo. Dicha indemnización no será, en ningún caso, inferior a ....€.

SÉPTIMA.- DURACIÓN DEL CONTRATO Y CAUSAS DE FINALIZACIÓN ANTICIPADA. Las partes acuerdan que el presente Contrato tendrá una duración de .... año/s desde la fecha de la firma, prorrogándose automáticamente, a la fecha de su vencimiento, por iguales periodos de ..., salvo que alguna de las partes manifieste su voluntad de no renovar el Contrato con un preaviso de, al menos, ... de antelación a la fecha de finalización del Contrato o de cualquiera de sus prórrogas.

El incumplimiento del plazo de preaviso se penalizará con el importe proporcional al periodo de preaviso incumplido, correspondiente a la media de facturación de .... anteriores al preaviso incumplido.

El presente Contrato podrá resolverse anticipadamente, entre otras, por las siguientes causas:

a) Por expresa voluntad de cualquiera de las Partes, cuando medien incumplimientos, siguiendo siempre el procedimiento previsto en la **CLÁUSULA OCTAVA** del presente Contrato.

b) Por falta de pago de cualquiera de las cantidades derivadas de las facturas válidamente emitidas o de cualquiera los gastos por la parte que deba asumirlos, siempre que no sea un incumplimiento grave y/o reiterado y no pueda ser subsanado por el procedimiento establecido en la **CLÁUSULA OCTAVA**.

c) Por la extinción de la personalidad jurídica de cualquiera de las Partes, o por su declaración judicial de concurso, o cualquier situación que evidencie una situación de insolvencia presente o futura de cualquiera de las Partes.

OCTAVA.- INCUMPLIMIENTOS. Las Partes se reservan el derecho a resolver el presente Contrato en caso de incumplimiento grave o reiterado. A estos efectos, en el supuesto de que cualquier de las Partes estimare que otra ha incumplido alguno de los términos del presente Contrato dirigirá a esa otra Parte una notificación, por cualquier medio que deje constancia de la recepción de la misma y de su contenido, en la que se exprese el fundamento de la reclamación por incumplimiento de que se trate. La Parte a quien se reclama está obligada a examinar las reclamaciones de la otra Parte y a informar de las medidas efectivas adoptadas para la solución de dichas reclamaciones, en un plazo no superior a .... días a partir de la fecha de la recepción de la citada notificación. Transcurrido este plazo sin que la Parte incumplidora hubiere respondido a la otra o si no hubiere adoptado las medidas oportunas, la Parte no incumplidora podrá rescindir anticipadamente el presente Contrato.

NOVENA.- MODIFICACIÓN Y EXTINCIÓN. El presente Contrato podrá ser modificado por mutuo acuerdo entre las partes, a solicitud de cualquiera de ellas, y podrá resolverse, entre otras, por las siguientes causas:

a) Por mutuo acuerdo.

b) Por incumplimiento grave y reiterado de las obligaciones derivadas del mismo.

c) Por denuncia de las Partes.

d) Por las demás causas previstas en la legislación vigente.

DÉCIMA.- FUERZA MAYOR. Ninguna de las Partes responderá por el incumplimiento, suspensión o retraso en la ejecución de las obligaciones derivadas del presente Contrato, ni estará obligada a indemnizar a la otra por los perjuicios causados, cuando el incumplimiento, la suspensión o retraso sea producido por fuerza mayor debidamente probada.

La prueba de la fuerza mayor corresponderá a quien la alega, presentado como prueba suficiente del suceso de fuerza mayor, entre otras, la certificación de la Cámara de Comercio o entidad similar de país donde esta circunstancia ocurra. En caso de incapacidad total o parcial de cualquiera de las Partes para cumplir con sus obligaciones conforme a este Contrato como resultado de las causas citadas, queda expresamente convenido que tal parte deberá dar notificación por escrito a la otra parte de los detalles del caso de fuerza mayor dentro de los siete (7) días naturales siguientes a que se haya producido el acontecimiento determinante de dicha fuerza mayor.

La Parte afectada por la fuerza mayor está obligada a reanudar el cumplimiento de sus obligaciones tan pronto hayan cesado los efectos de la fuerza mayor. Las obligaciones no afectadas por la fuerza mayor serán cumplidas según lo acordado en el presente Contrato.

Los gastos que se originen para mitigar las consecuencias de la fuerza mayor tendrán la condición de gastos comunes, salvo que concurriera algunas de las siguientes circunstancias:

– Que quien alegue la existencia de una causa de fuerza mayor no hubiere probado suficientemente su existencia o que la prueba fuera declarada nula.

– Que la situación de emergencia se hubiera debido a dolo o negligencia de quien alegase la causa de fuerza mayor, incluyendo a su personal o a sus subcontratistas.

DECIMOPRIMERA.- CONFIDENCIALIDAD. Las Partes se comprometen a mantener bajo secreto y a mantener confidencialidad durante la vigencia del Contrato y con posterioridad al mismo, toda información obtenida en el contexto del mismo, entendiéndose por información confidencial, el contenido del presente Contrato y sus Anexos, y toda la información o documentos relativos a las operaciones realizadas en virtud del Contrato, a las bonificaciones o descuentos practicados o al *know-how*, que cualquiera de las partes hubiera podido conocer de la otra en virtud del mismo, sus Anexos y sus posibles renovaciones.

DECIMOSEGUNDA.- NOTIFICACIONES. Cualquier notificación requerida bajo el Contrato deberá hacerse por escrito, mediante correo certificado, correo electrónico, o comunicación escrita privada siempre que se asegure la constancia del envío y recepción, dirigida a las direcciones que se señalan en el presente Contrato. Cada Parte podrá, mediante notificación a la otra, cambiar su domicilio para recibir dichas notificaciones.

DECIMOTERCERA.- SUBSISTENCIA DE LAS OBLIGACIONES. La rescisión o terminación de este Contrato no afecta de manera alguna a la validez y exigibilidad de las obligaciones contraídas con anterioridad, o de aquellas ya formadas que, por su naturaleza o disposición de la ley, o por voluntad de las Partes, deben diferirse a fecha posterior, en consecuencia, las partes podrán exigir, aún con posterioridad a la rescisión o terminación del Contrato, el cumplimiento de estas obligaciones.

DECIMOCUARTA.- CESIÓN DE DERECHOS Y OBLIGACIONES. Ninguna de las Partes podrá ceder o transferir total o parcialmente los derechos ni las obligaciones derivadas de este Contrato, salvo acuerdo establecido por escrito previamente, que deberá ser unido como Anexo al presente Contrato.

DECIMOQUINTA.- ANEXOS.- Todos los Anexos del presente Contrato, así como todos los suscritos en el marco de este, se considerarán, en todo su contenido, como parte integrante del mismo a todos los efectos.

DECIMOSEXTA.- CONTENIDO ÍNTEGRO. Las Partes acuerdan que este Contrato constituye la expresión completa y exclusiva de lo convenido entre las Partes y que sustituyen cualquier contrato y acuerdos anteriores, caso de haberlos, de forma y manera que este Contrato se convierte en la única y vigente manifestación de sus voluntades recíprocas, sin perjuicio de aplicación supletoria de las normas generales del ordenamiento jurídico español para los casos no contemplados expresamente en el presente Contrato. Si cualquiera de sus cláusulas deviniera ilegal o no resultara procedente, será tenida por no puesta, sin que ello invalide o afecte en forma alguna a las restantes cláusulas y sin perjuicio de la voluntad de las Partes de subsanar las cláusulas que resultaren prohibidas o no legalmente exigibles.

DECIMOSEPTIMA.- MODIFICACIONES. Los términos del presente Contrato no podrán ser alterados, renunciados o modificados ni cancelados, excepto por declaración expresa por escrito de las partes contratantes. Además, las partes manifiestan que no existen declaraciones, ni compromisos verbales o escritos que no hayan sido incorporados al presente Contrato.

DECIMOCTAVA.- PROTECCIÓN DE DATOS DE CARÁCTER PERSONAL. .... en cumplimiento del Reglamento (UE) 2016/679 del Parlamento Europeo y del Consejo, de 27 de abril de 2016, relativo a la protección de las personas físicas en lo que respecta al tratamiento de datos personales y a la libre circulación de estos datos y por el que se deroga la Directiva 95/46/CE (RGPD); de la Ley 34/2002, de 11 de julio, de servicios de la sociedad de la información y de comercio electrónico (LSSICE); y, de la Ley 3/2018, de 5 de diciembre, de Protección de Datos Personales y Garantía de los Derechos Digitales (LOPDGDD), le informa de que sus datos de carácter personal se incluirán en ficheros de titularidad de ...., cuya finalidad es la gestión de proveedores, clientes, realización de los servicios contratados, seguimiento comercial de clientes y otras acciones de comunicación comercial.

.... no cederá sus datos a terceros salvo requerimiento y exigencia legal o exigencia como consecuencia de la relación jurídica. Igualmente, ... le informa que no tiene previsto transferir sus datos a un tercer país u organización internacional. No obstante, podrá, en todo momento, ejercitar su derecho al acceso de sus datos personales, su rectificación o supresión, a la limitación de su tratamiento, así como el derecho a la portabilidad de los datos, en la forma legalmente prevista; esto es, mediante comunicación remitida a ...., en la dirección de correo electrónico ...., adjuntando copia de su DNI/NIE/PASAPORTE.

Los datos se conservarán durante el tiempo que se mantenga la colaboración, salvo que ejercite sus derechos de control y, después, por el tiempo necesario para el cumplimiento de cualquier obligación legal o derivada de la relación jurídica preexistente.

DECIMONOVENA.- RESOLUCIÓN DE CONTROVERSIAS Y DETERMINACIÓN DE LA LEY APLICABLE. En caso de discrepancia en torno a la validez, ejecución o interpretación de este Contrato las partes se comprometen a resolverlo de forma amistosa. No obstante, en el caso que las partes no lleguen a un acuerdo mediante negociación, las partes intervinientes acuerdan que todo litigio, discrepancia, cuestión o reclamación resultantes de la ejecución o interpretación del presente contrato o relacionados con él, directa o indirectamente, se resolverán definitivamente mediante arbitraje en el marco de la Corte de Arbitraje de ...., con sede en .... (.........), a la que se encomienda la administración del arbitraje y la designación de los árbitros, de acuerdo con su Reglamento y Estatutos, debiéndose resolver el litigio de acuerdo con la ley española.

Y, en prueba de conformidad con cuanto antecede, ambas Partes, en la representación con la que actúan, firman el presente Contrato, por duplicado el ejemplar y a un solo efecto, en el lugar y fecha al comienzo indicados.

AAA | BBB

Fdo. D./Dña. | Fdo. D./ Dña.

Anexo I: listado de partners

Anexo II: simulación de facturación

6.
OTROS MODELOS DE CONTRATOS MERCANTILES INTERNACIONALES

6.1. El contrato de investigación y desarrollo (I+D) internacional

Los contratos de investigación y desarrollo internacional tienen por objeto la cooperación en el campo de la investigación y el desarrollo para la obtención de productos y/o procedimientos y su explotación. En este sentido, podemos hablar de I+D o de Innovación (I+ D+I) cuando, como consecuencia de tales acuerdos, se consigue el análisis de los procedimientos de fabricación o comercialización. Uno de los prototipos de contratos de colaboración internacional interempresarial es el contrato de investigación y desarrollo (I+D) internacional.

Así, en el contrato de investigación y desarrollo I+D, una empresa encarga a una entidad investigadora, que puede ser tanto pública (centro de investigación, instituto, universidad) como privada (laboratorio, ingeniería, consultoría), la realización de un proyecto de investigación cuya finalidad es generar un nuevo conocimiento o innovación que tengan aplicación comercial. El proceso de investigación lo puede llevar a cabo únicamente la entidad investigadora o, conjuntamente, ambas partes.

La colaboración en materia de investigación y desarrollo y, en su caso, de explotación en común de los resultados, es otra forma de internacionalización empresarial, al contribuir a promocionar el progreso técnico y económico, difundiendo más ampliamente los conocimientos técnicos entre las partes, evitando las duplicidades en los trabajos de investigación y desarrollo, estimulando los nuevos progresos gracias al intercambio de conocimientos complementarios, y permitiendo una mejor racionalización en la fabricación de los productos o en la utilización de los procedimientos derivados de la investigación.

En definitiva, el contrato de I+D constituye un tipo de contrato de prestación de servicios, pero con unas cláusulas especificas en cuanto a aportaciones de las partes al proyecto, seguimiento, confidencialidad, así como difusión y explotación de los resultados. Por otro lado, son contratos atípicos, de colaboración y de tracto sucesivo. La atipicidad de esta modalidad contractual implica que serán las partes las que, en aras del principio de autonomía de la voluntad, las que confeccionen adecuadamente su contrato; en particular, revestirá especial importancia la definición y concreción del programa de investigación.

A continuación, se acompaña modelo de contrato de investigación y desarrollo (I+D) internacional.

Modelo de contrato de investigación y desarrollo (I+D) internacional

(**Advertencia**: este modelo de contrato se acompaña a título meramente ilustrativo ya que, para la correcta formalización de un contrato de investigación y desarrollo (I+D) internacional, como para la de cualquier otro, se recomienda contar con el asesoramiento de un especialista en la materia).

CONTRATO DE INVESTIGACIÓN Y DESARROLLO (I+D) INTERNACIONAL

ENTRE

....

Y

....

En ...., a ...de .... de 20....

REUNIDOS

De una parte, **D./DÑA**............................., mayor de edad, con DNI número ...., en representación de la mercantil ...., con domicilio en ...., provisto de CIF número ...., en adelante, la «**EMPRESA**»; y

De otra parte, **D./DÑA**............................., mayor de edad, con DNI número ...., en representación de la mercantil ...., con domicilio en ...., provisto de CIF número ....…..., en adelante, la «**ENTIDAD INVESTIGADORA**».

EXPONEN

Ambas Partes, manifiestan tener y se reconocen, mutua y recíprocamente, la capacidad legal necesaria para otorgar el presente Contrato, a cuyos efectos;

MANIFIESTAN

I. Que la **EMPRESA** desarrolla su actividad en el sector de .... y está interesada en la colaboración con la **ENTIDAD INVESTIGADORA** para el desarrollo de investigaciones sobre ....

II. Que la **ENTIDAD INVESTIGADORA** tiene experiencia y desarrolla investigaciones en el campo de ....

III. Que, ambas Partes, por la experiencia y conocimientos que poseen, consideran de máximo interés establecer el marco jurídico regulador de sus relaciones en Proyectos de Investigación y Desarrollo, y de esta forma impulsar y facilitar la colaboración en proyectos de interés común en el campo de ....

IV. Por todo lo anteriormente expuesto, es deseo de las Partes intervinientes formalizar el presente **CONTRATO DE INVESTIGACIÓN Y DESARROLLO (I+D) INTERNACIONAL,** (en adelante, el «CONTRATO») con arreglo a las siguientes cláusulas;

CLÁUSULAS

PRIMERA.- OBJETO DEL CONTRATO. El objeto de este CONTRATO es la realización, por parte de la **ENTIDAD INVESTIGADORA** y a solicitud de la **EMPRESA**, del Proyecto de Investigación y Desarrollo titulado «..............................» (en adelante, el «PROYECTO»).

SEGUNDA.- ACEPTACIÓN DE LA INVESTIGACIÓN. La **ENTIDAD INVESTIGADORA** acepta realizar esta investigación de acuerdo con el plan de trabajo, personal y presupuesto de gastos que se especifican en los ANEXOS que se acompañan al presente CONTRATO.

TERCERA.- RESPONSABLES DEL PROYECTO DE INVESTIGACIÓN. El/La responsable del desarrollo del PROYECTO por parte de la **ENTIDAD INVESTIGADORA** será D./Dña.......................... (en adelante, el/la «INVESTIGADOR/A RESPONSABLE»)

CUARTA.- OBLIGACIONES DEL RESPONSABLE DEL PROYECTO. La **ENTIDAD INVESTIGADORA** informará regularmente a la **EMPRESA** de la marcha del trabajo realizado.

Finalizado el PROYECTO, la **ENTIDAD INVESTIGADORA** emitirá un informe final estableciendo las conclusiones a que se llegue en el mismo. La entrega de los citados informes se efectuará contra certificación expedida por la **EMPRESA** en la quede constancia de su recepción.

QUINTA.- DURACIÓN DEL CONTRATO. La duración prevista para el desarrollo del PROYECTO será de .... meses/años, pudiendo renovarse de mutuo acuerdo si las investigaciones no hubiesen producido todavía los resultados esperados y/o ambas partes lo consideren oportuno. La prórroga, si se produjere, se ajustará a las mismas condiciones del CONTRATO inicial.

SEXTA.- REMUNERACIÓN Y FORMA DE PAGO. Como contraprestación para la realización del PROYECTO, la **EMPRESA** se compromete a abonar la cantidad total de .... EUROS, que se hará efectiva con arreglo a las siguientes condiciones: el .... % a la firma del presente CONTRATO y el resto en .... plazos trimestrales/semestrales de .... EUROS, cada uno, por trimestres/semestres anticipados. Estas cantidades, en su caso, deberán incrementarse con el correspondiente IVA. Ningún pago estará vinculado al **éxito** de los resultados obtenidos, sin perjuicio del cumplimiento de las obligaciones necesarias para que se produzca dicho pago.

La **ENTIDAD INVESTIGADORA** emitirá las facturas que correspondan en los plazos fijados que serán abonadas antes de su vencimiento mediante transferencia bancaria a la cuenta núm. ...., a nombre de la **ENTIDAD INVESTIGADORA**, indicando como referencia del ingreso el número de factura que se abona.

SÉPTIMA.- EMISIÓN DE INFORMES. La **ENTIDAD INVESTIGADORA**, a través de su INVESTIGADOR/A RESPONSABLE, remitirá a la **EMPRESA** los informes correspondientes del PROYECTO.

Finalizado el PROYECTO, la **ENTIDAD INVESTIGADORA** emitirá un informe final estableciendo las conclusiones a que se llegue en el mismo. La entrega de los citados informes se efectuará contra certificación expedida por la **EMPRESA** en la quede constancia de su recepción. En el caso que el PROYECTO se realice, total o parcialmente, en colaboración con la **EMPRESA**, ésta emitirá los informes que le corresponda.

OCTAVA.- RESOLUCIÓN DEL CONTRATO. La investigación, objeto del presente CONTRATO, podrá interrumpirse por mutuo acuerdo entre las partes contratantes.

El incumplimiento de cualquiera de las obligaciones contraídas por el presente CONTRATO por una de las partes facultará a la otra para rescindir el mismo, quedando automáticamente anulados todos los derechos correspondientes sobre el objeto de la investigación.

La **ENTIDAD INVESTIGADORA** entregará a la **EMPRESA** un informe de los resultados obtenidos hasta el momento de la interrupción y podrá utilizar libremente dichos resultados, siempre que salvaguarde las condiciones estipuladas en el presente CONTRATO. Antes de la entrega de los resultados, la **EMPRESA** deberá abonar las cantidades devengadas hasta la fecha en que se produzca la interrupción.

NOVENA.- **CONFIDENCIALIDAD.** Cada una de las partes se compromete a no difundir, las informaciones científicas o técnicas durante el desarrollo del proyecto de investigación objeto de este CONTRATO, en tanto no haya acuerdo entre ambas partes.

Los datos e informes obtenidos durante la realización de los proyectos conjuntos, así como los resultados finales, tendrán carácter confidencial. La otra parte deberá responder en un plazo máximo de ...., comunicando su autorización, sus reservas o su disconformidad sobre la información contenida en el trabajo realizado.

Tanto en publicaciones como en patentes, se respetará siempre la mención a los autores del trabajo; en estas últimas figurarán en calidad de inventores. En cualquiera de los casos de difusión de resultados se hará siempre referencia especial al presente CONTRATO. Ambas Partes se comprometen a que todo el personal de una y otra Parte conozca y observe el compromiso de confidencialidad regulado por esta cláusula.

DÉCIMA.- **PROPIEDAD DE LOS BIENES NECESARIOS PARA LA INVESTIGACIÓN.** La propiedad de instrumentos científicos, herramientas de trabajo y en general cualquier otro bien que haya sido adquirido u obtenido de la realización del presente CONTRATO quedará integrado como bien patrimonial de ....

En virtud del presente CONTRATO no se entienden cedidos a la otra Parte, ninguno de los conocimientos previos aportados al PROYECTO, se entiende por conocimientos previos todo dato, conocimiento técnico o información, cualquiera que sea su forma o naturaleza, tangible o intangible, incluido todo derecho, como los derechos de propiedad industrial e intelectual perteneciente a alguna de las Partes con anterioridad a la entrada en vigor del CONTRATO y que sea necesario para la ejecución del PROYECTO o para la explotación de sus resultados.

UNDÉCIMA.- **PATENTABILIDAD DE LOS RESULTADOS DE LA INVESTIGACIÓN.** En la medida en que los resultados de la investigación sean patentables, la **EMPRESA** tendrá preferencia para depositar las correspondientes patentes, apareciendo como inventores aquellos investigadores de la **ENTIDAD INVESTIGADORA** que hayan participado en las investigaciones. No obstante, la **EMPRESA** deberá informar previamente a la **ENTIDAD INVESTIGADORA** de cualquier decisión al respecto.

En caso de que la **EMPRESA** no esté interesada por algunos resultados patentables originados en el PROYECTO, deberá, en los .... meses siguientes a la obtención de los mismos, comunicarlo a la **ENTIDAD INVESTIGADORA** la cual decidirá si protege dichos resultados.

DUODÉCIMA.- EXPLOTACIÓN DE LOS RESULTADOS DE LA INVESTIGACIÓN. Se considerarán resultados del PROYECTO todos los PRODUCTOS tangibles o intangibles que haya sido identificados como tales en los informes, incluyendo datos, conocimientos e informaciones, obtenidos en el PROYECTO, cualquiera que sea su forma o naturaleza, tanto si pueden o no ser protegidos, así como todo derecho derivado, incluidos los derechos de propiedad industrial e intelectual.

La **EMPRESA** podrá explotar libremente los resultados, patentables o no, que tuvieran su origen en el PROYECTO DE INVESTIGACIÓN a que se refiere este CONTRATO.

En contrapartida, la **EMPRESA** deberá satisfacer a **ENTIDAD INVESTIGADORA** la cuantía económica correspondiente, tomando como referencia el valor de los productos de similares características existentes en el mercado y considerando las aportaciones intelectuales y financieras respectivas de las dos partes en el PROYECTO DE INVESTIGACIÓN y en el desarrollo de los procedimientos o del producto.

DECIMOTERCERA.- IMPUESTOS. Todas las cargas fiscales que puedan recaer sobre la fabricación y explotación comercial de los resultados de la INVESTIGACIÓN serán a cuenta de la **EMPRESA**.

DECIMOCUARTA.- SUBCONTRATACIÓN DE LA INVESTIGACIÓN. Si por razones comerciales o de cualquier otra índole la **EMPRESA** subcontratara la fabricación, deberá comunicarlo a la **ENTIDAD INVESTIGADORA** y salvaguardar sus derechos estipulados en este CONTRATO.

DECIMOQUINTA.- RESPONSABILIDAD DE LA INVESTIGACIÓN. La **EMPRESA** asumirá todas las responsabilidades por las garantías dadas respecto al objeto de su fabricación, suministrado por ella misma a sus clientes.

La **ENTIDAD INVESTIGADORA** no asume ninguna responsabilidad frente a terceros y es totalmente ajena a litigios sobre patentes y a los derivados de la fabricación y explotación comercial de los resultados de la investigación.

El Investigador será responsable en todo caso ante la **EMPRESA** y del cumplimiento de las cláusulas contenidas en el presente CONTRATO. No será responsable siempre que se produzcan hechos que se deriven de causas o circunstancias sobrevenidas con posterioridad a la firma del contrato.

DECIMOSEXTA.- NOTIFICACIONES. Cualquier notificación requerida bajo el CONTRATO deberá hacerse por escrito, mediante correo certificado, correo electrónico, o comunicación escrita privada siempre que se asegure la constancia del envío y recepción, dirigida a las direcciones que se señalan en el presente CONTRATO. Cada parte podrá, mediante notificación a la otra, cambiar su domicilio para recibir dichas notificaciones.

DECIMOSÉPTIMA.- SUBSISTENCIA DE LAS OBLIGACIONES. La rescisión o terminación de este CONTRATO no afecta de manera alguna a la validez y exigibilidad de las obligaciones contraídas con anterioridad, o de aquellas ya formadas que, por su naturaleza o disposición de la ley, o por voluntad de las partes, deben diferirse a fecha posterior; en consecuencia, las partes podrán exigir, aun con posterioridad a la rescisión o terminación del contrato, el cumplimiento de estas obligaciones.

DECIMOCTAVA.- ANEXOS. Todos los ANEXOS del presente CONTRATO, así como todos los suscritos en el marco del mismo, se considerarán en todo su contenido, como parte integrante del CONTRATO a todos los efectos.

DECIMONOVENA.- RESOLUCIÓN DE CONTROVERSIAS Y DETERMINACIÓN DE LA LEY APLICABLE. En caso de discrepancia en torno a la validez, ejecución o interpretación de este CONTRATO las partes se comprometen a resolverlo de forma amistosa. No obstante, en el caso que las partes no lleguen a un acuerdo mediante negociación, las partes intervinientes acuerdan que todo litigio, discrepancia, cuestión o reclamación resultantes de la ejecución o interpretación del presente contrato o relacionados con él, directa o indirectamente, se resolverán definitivamente mediante arbitraje en el marco de la Corte de Arbitraje de ...., con sede en.................. (..............), a la que se encomienda la administración del arbitraje y la designación de los árbitros, de acuerdo con su Reglamento y Estatutos, debiéndose resolver el litigio de acuerdo con la ley española.

VIGÉSIMA.- CONTENIDO ÍNTEGRO. Las partes acuerdan que este **CONTRATO** constituye la expresión completa y exclusiva de lo convenido entre ellas y que sustituye cualquier contrato y acuerdos anteriores, caso de haberlos, de forma y manera que el presente documento se convierte en la única y vigente manifestación de sus voluntades recíprocas, sin perjuicio de aplicación supletoria de las normas generales del ordenamiento jurídico español para los casos no contemplados expresamente en el presente contrato.

Si cualquiera de sus cláusulas deviniera ilegal o no resultara procedente, será tenida por no puesta, sin que ello invalide o afecte en forma alguna a las restantes cláusulas y sin perjuicio de la voluntad de las partes de subsanar las cláusulas que resultaren prohibidas o no legalmente exigibles.

VIGESIMOPRIMERA.- PROTECCIÓN DE DATOS DE CARÁCTER PERSONAL. .... en cumplimiento del Reglamento (UE) 2016/679 del Parlamento Europeo y del Consejo, de 27 de abril de 2016, relativo a la protección de las personas físicas en lo que respecta al tratamiento de datos personales y a la libre circulación de estos datos y por el que se deroga la Directiva 95/46/ CE (RGPD); de la Ley 34/2002, de 11 de julio, de servicios de la sociedad de la información y de comercio electrónico (LSSICE); y, de la Ley 3/2018, de 5 de diciembre, de Protección de Datos Personales y Garantía de los Derechos Digitales (LOPDGDD), le informa de que sus datos de carácter personal se incluirán en ficheros de titularidad de ...., cuya finalidad es la gestión de proveedores, clientes, realización de los servicios contratados, seguimiento comercial de clientes y otras acciones de comunicación comercial.

.... no cederá sus datos a terceros salvo requerimiento y exigencia legal o exigencia como consecuencia de la relación jurídica. Igualmente, ... le informa que no tiene previsto transferir sus datos a un tercer país u organización internacional. No obstante, podrá, en todo momento, ejercitar su derecho al acceso de sus datos personales, su rectificación o supresión, a la limitación de su tratamiento, así como el derecho a la portabilidad de los datos, en la forma legalmente prevista; esto es, mediante comunicación remitida a ...., en la dirección de correo electrónico ...., adjuntando copia de su DNI/NIE/PASAPORTE.

Los datos se conservarán durante el tiempo que se mantenga la colaboración, salvo que ejercite sus derechos de control y, después, por el tiempo necesario para el cumplimiento de cualquier obligación legal o derivada de la relación jurídica preexistente.

VIGESIMOSEGUNDA.- MODIFICACIONES. Los términos del presente CONTRATO no podrán ser alterados, renunciados o modificados ni cancelados, excepto por declaración expresa por escrito de las partes contratantes. Además, las partes manifiestan que no existen declaraciones, ni compromisos verbales o escritos que no hayan sido incorporados al presente CONTRATO.

CONTRATOS MERCANTILES INTERNACIONALES PARA EMPRESAS...

Y, en prueba de conformidad con todo lo establecido en el presente CONTRATO, ambas partes lo firman en dos ejemplares, en el lugar y fecha señalados en el encabezamiento.

Fdo. LA EMPRESA | Fdo. LA ENTIDAD INVESTIGADORA

Anexo I: condiciones de la investigación.

6.2. El contrato de licencia de uso de marca

Mediante este contrato, el propietario de una marca registrada concede permiso a otra empresa para que produzca y venda productos con esa marca. La licencia se otorga para una determinada clase de productos para los que el licenciatario obtiene la exclusiva en un territorio definido. A cambio de la cesión de derechos, el licenciatario paga al licenciante una cierta cantidad de dinero (canon) y un porcentaje (royalties) calculado sobre el importe de las ventas de los productos bajo licencia. De esta forma, se permite utilizar la marca a otra parte, sin que se transfiera, en ningún caso, la titularidad de la marca, nombre comercial o dominio de internet al licenciatario. El contrato de licencia de uso de marca se caracteriza, principalmente, porque el licenciante cede el uso de una marca, nombre comercial o dominio de internet al licenciatario.

La licencia otorgada, a través del contrato de licencia de uso, puede ser de carácter exclusivo o no exclusivo. En el caso de que la licencia sea en exclusiva, el licenciante no podrá ceder el uso de la marca, nombre comercial o dominio de internet a otra persona, teniendo así el licenciatario la facultad de explotarla de forma **única**. En caso contrario, el licenciante podrá facilitar la marca, nombre comercial o dominio de internet a terceros, e incluso, podrá explotar la marca, nombre comercial o dominio de internet por sí mismo.

A continuación, se acompaña modelo de contrato de licencia de uso de marca.

Modelo de contrato de licencia de uso de marca

(**Advertencia**: este modelo de contrato se acompaña a título meramente ilustrativo ya que, para la correcta formalización de un contrato de licencia de uso de marca, como para la de cualquier otro, se recomienda contar con el asesoramiento de un especialista en la materia).

CONTRATO DE LICENCIA DE USO DE MARCA
ENTRE

....

Y

....

En...................., a .... de .... de 20....

REUNIDOS

De una parte, **D./DÑA**...................................., mayor de edad, con DNI número ...., en representación de la mercantil ...., con domicilio en ...., provisto de CIF número ...., en adelante, el «**LICENCIANTE**»; y,

De otra parte, **D./DÑA**. ...., mayor de edad, con DNI número ...., en representación de la mercantil ...., con domicilio en ...., provisto de CIF número ...., en adelante, el «**LICENCIATARIO**».

EXPONEN

Ambas partes comparecen gozando de la necesaria capacidad jurídica y de obrar para el otorgamiento del presente **CONTRATO DE LICENCIA DE USO DE MARCA**, en su propio nombre, derecho e interés, y a los fines del presente documento;

MANIFIESTAN

I. Que el **LICENCIANTE** es titular de la marca .... número ...., concedida el .... para las clases .... de ....

II. La marca objeto de licencia por el presente Contrato se encuentra libre de gravámenes y han sido satisfechas todas las tasas legalmente establecidas.

III. Que el **LICENCIATARIO** está interesado en la obtención de la licencia de uso por parte del **LICENCIANTE** de la marca descrita en el párrafo anterior.

IV. Que ambas Partes han acordado proceder a la firma del presente **CONTRATO DE LICENCIA DE USO DE MARCA** (en adelante, el «CONTRATO») con sujeción a las siguientes;

CLÁUSULAS

PRIMERA.- OBJETO DEL CONTRATO. El **LICENCIANTE** cede al **LICENCIATARIO** el derecho de uso sobre la marca .... (en adelante, la «MARCA») en los términos y condiciones que se establecen en el presente CONTRATO.

La MARCA se encuentra inscrita en .... en las clases .... y con los datos de registro que se indican en el ANEXO I.

El **LICENCIATARIO** como persona jurídica, está interesado en utilizar la MARCA del **LICENCIANTE**, así como también, se obliga a velar por la protección de la MARCA, el logotipo, el signo y las señales distintivas y a aplicar las acciones necesarias para la efectiva protección.

SEGUNDA.- PRECIO Y FORMA DE PAGO. El precio o regalía que el **LICENCIATARIO** deberá satisfacer al **LICENCIANTE** en contraprestación por el cumplimiento del objeto del presente CONTRATO se dividirá en:

a) Un importe fijo inicial, de ...., independiente de los pagos periódicos, que se pagará por adelantado en un plazo de .... días contados a partir de la firma del presente CONTRATO. Pago que no será reembolsable salvo que se produzca una extinción del CONTRATO por incumplimiento imputable al **LICENCIANTE**.

b) Un pago periódico variable que deberá realizarse el día .... de cada mes, consistente en un ...... % del precio de venta neto de los productos que realice el **LICENCIATARIO** en el uso y explotación de la MARCA objeto de la licencia durante el mes anterior.

El pago del precio se realiza por transferencia bancaria, estableciendo la mediación de una entidad de crédito, debiendo hacerse constar los datos de la entidad, así como el número de cuenta en el que se abonará el precio convenido.

En caso de que el **LICENCIATARIO** se retrase en el pago del precio convenido más de ...... días, estará obligado además a abonar un interés de .... % de la cantidad adeudada.

La falta de pago del precio por el **LICENCIATARIO** durante más de .... meses faculta al **LICENCIANTE** para la denuncia y resolución del CONTRATO.

La variabilidad del precio puede depender, además del precio de venta, del volumen de ventas, de los envíos realizados, del volumen de producción, o de los beneficios obtenidos. También es posible establecer una cantidad mínima y/o máxima que deberá pagarse por el **LICENCIATARIO** en todo caso, así como determinar una escala de porcentajes decrecientes en la medida en que aumente la cifra de ventas del **LICENCIATARIO**.

El **LICENCIATARIO** informará al **LICENCIANTE** de la veracidad de las cifras empleadas para el cálculo de los porcentajes mediante el envío o la exhibición de los documentos que se utilizarán para demostrar la veracidad de la información utilizada.

TERCERA.- CONCESIÓN DE LA LICENCIA. El **LICENCIANTE** otorga al **LICENCIATARIO**, que acepta, en los términos y condiciones establecidos en este CONTRATO, el derecho exclusivo a utilizar la MARCA en relación con los productos bajo licencia para producir, distribuir, promocionar y vender los productos bajo licencia en el territorio especificado en el presente CONTRATO.

El **LICENCIATARIO** no tiene derecho a sublicenciar la MARCA, a menos que haya recibido una autorización previa y por escrito a tal efecto por parte del **LICENCIANTE**.

CUARTA.- ÁMBITO TERRITORIAL. El **LICENCIANTE** autoriza al **LICENCIATARIO** a utilizar la MARCA, objeto del presente CONTRATO de licencia, en todo el territorio de .... en el cual la MARCA licenciada goza de protección.

QUINTA.- DERECHOS DE EXCLUSIVIDAD. La licencia es exclusiva. Durante la vigencia de este **CONTRATO**, el **LICENCIATARIO** no utilizará la MARCA ni licenciará a otros el uso de la **MARCA** en el territorio, en relación con los productos bajo licencia.

SEXTA.- OBLIGACIÓN DE ENVIÓ DE DOCUMENTACIÓN POR EL LICENCIANTE. El **LICENCIANTE** se compromete a remitir al LICENCIATARIO en un plazo de .... días toda la documentación necesaria para permitirle el buen uso y explotación de la MARCA objeto del presente **CONTRATO** de licencia.

SÉPTIMA.- DURACIÓN DEL CONTRATO. El presente **CONTRATO** tendrá una duración inicial de ...., desplegando sus efectos desde la fecha de la firma del CONTRATO, siendo renovable tácitamente por periodos de tiempo iguales, mediante acuerdo escrito de ambas partes, salvo que sea denunciado por cualquiera de las partes, mediante notificación por escrito que garantice confirmación de recepción, con una antelación mínima de ... días/meses a su vencimiento, o de cualquiera de sus prórrogas.

OCTAVA.- RESOLUCIÓN DEL CONTRATO. Cualquiera de las partes podrá resolver este CONTRATO mediante notificación por escrito que garantice confirmación de recepción, en caso de incumplimiento grave por la otra parte de sus obligaciones contractuales o en caso de circunstancias excepcionales que justifiquen una resolución anticipada.

El **LICENCIANTE** podrá solicitar la resolución del CONTRATO cuando hayan transcurrido.................. sin que el **LICENCIATARIO** haya iniciado el uso o explotación de la MARCA. Con el fin de determinar si se ha producido el uso de la MARCA objeto del contrato de licencia, a estos efectos se tendrá en consideración el concepto de uso establecido en el artículo 39 de la Ley 17/2001, de 7 de diciembre, de Marcas.

NOVENA.- EFECTOS DE LA RESOLUCIÓN. La resolución del presente CONTRATO comportará la obligación de cesación inmediata, por parte del **LICENCIATARIO**, de realizar cualquier clase de actividad que comporte la utilización del signo objeto del presente CONTRATO de licencia.

El **LICENCIATARIO** estará obligado a restituir al **LICENCIANTE** todo el material y la documentación que tenga en su poder en relación con la MARCA, objeto del presente CONTRATO de licencia, salvo que el **LICENCIANTE** le comunique instrucciones precisas sobre el destino de los mismos.

En el supuesto en que el **LICENCIATARIO** conserve productos en stock distinguidos con la MARCA licenciada, o haya aceptado pedidos en relación con esos productos, el **LICENCIANTE** tendrá la posibilidad de autorizar al **LICENCIATARIO** para que finalice el cumplimiento de los pedidos aceptados y/o proceda a la liquidación del stock, de conformidad con las condiciones precisas que establezca el **LICENCIANTE**.

DÉCIMA.- PUBLICIDAD Y PROMOCIÓN. El **LICENCIATARIO** reconoce la importancia substancial que tiene para el **LICENCIANTE** que la publicidad y promoción de los productos bajo licencia sean acordes con la imagen corporativa del **LICENCIANTE**.

El **LICENCIANTE** mantendrá informado al **LICENCIATARIO** acerca de sus estrategias de imagen corporativa, con el fin de permitir al **LICENCIATARIO** que adapte su acción promocional a cualquier cambio. Los cambios de esta estrategia se llevarán a cabo por parte del **LICENCIATARIO** una vez transcurrido un tiempo razonable, a partir de la notificación de tales cambios realizada por el **LICENCIANTE**.

Cualquier uso de la MARCA en los productos bajo licencia, así como el de sus envases, deben cumplir estrictamente con las indicaciones dadas por escrito previamente por el **LICENCIANTE**.

UNDÉCIMA.- COMERCIALIZACIÓN Y VENTA DE LOS PRODUCTOS BAJO LICENCIA. El **LICENCIATARIO** es un contratista independiente y venderá los productos bajo licencia en el territorio, en su nombre y por cuenta propia, asumiendo la comercialización, entrega, facturación, y cualquier riesgo relacionado con la distribución. El **LICENCIATARIO** no podrá actuar como agente del **LICENCIANTE**.

El **LICENCIATARIO** deberá realizar todos los esfuerzos comercialmente razonables para distribuir, promocionar y vender los productos bajo licencia en todo el territorio, para mantener la venta de los productos bajo licencia de forma permanente y en expansión, y para promover y vender los productos bajo licenciado en el territorio, de acuerdo al prestigio de la MARCA.

El **LICENCIATARIO** se compromete a llevar a cabo la distribución de los productos bajo licencia, de tal manera que sea apropiada para mantener el más alto estándar de imagen y exclusividad de la MARCA y de la imagen corporativa del **LICENCIANTE**, en especial con respecto a la elección de los canales de distribución, el tipo de puntos de venta y suministro.

DUODÉCIMA.- CONFIDENCIALIDAD. Las partes se comprometen a mantener bajo secreto y a mantener confidencialidad durante la vigencia del CONTRATO y con posterioridad al mismo, toda información obtenida en el contexto del mismo, entendiéndose por información confidencial, el contenido del presente CONTRATO y sus ANEXOS, y toda la información o documentos relativos a las operaciones realizadas, a las bonificaciones, descuentos practicados o al *know-how*, que cualquiera de las partes hubiera podido conocer de la otra en virtud del presente CONTRATO, sus ANEXOS y sus posibles renovaciones.

DECIMOTERCERA.- NOTIFICACIONES. Cualquier notificación requerida bajo el CONTRATO deberá hacerse por escrito, mediante correo certificado, correo electrónico, o comunicación escrita privada siempre que se asegure la constancia del envío y recepción, dirigida a las direcciones que se señalan en el presente CONTRATO. Cada parte podrá, mediante notificación a la otra, cambiar su domicilio para recibir dichas notificaciones.

DECIMOCUARTA.- ANEXOS. Todos los ANEXOS del presente CONTRATO, así como todos los suscritos en el marco del mismo, se considerarán en todo su contenido, como parte integrante del CONTRATO a todos los efectos.

DECIMOQUINTA.- RESOLUCIÓN DE CONTROVERSIAS Y DETERMINACIÓN DE LA LEY APLICABLE. En caso de discrepancia en torno a la validez, ejecución o interpretación de este **CONTRATO** las partes se comprometen a resolverlo de forma amistosa. No obstante, en el caso que las partes no lleguen a un acuerdo mediante negociación, las partes intervinientes acuerdan que todo litigio, discrepancia, cuestión o reclamación resultantes de la ejecución o interpretación del presente contrato o relacionados con él, directa o indirectamente, se resolverán definitivamente mediante arbitraje en el marco de la Corte de Arbitraje de ...., con sede en .... (....................), a la que se encomienda la administración del arbitraje y la designación de los árbitros, de acuerdo con su Reglamento y Estatutos, debiéndose resolver el litigio de acuerdo con la ley española.

DECIMOSEXTA.- CONTENIDO ÍNTEGRO. Las partes acuerdan que este CONTRATO constituye la expresión completa y exclusiva de lo convenido entre ellas y que sustituye cualquier **CONTRATO** y acuerdos anteriores, caso de haberlos, de forma y manera que el presente documento se convierte en la única y vigente manifestación de sus voluntades recíprocas, sin perjuicio de aplicación supletoria de las normas generales del ordenamiento jurídico español para los casos no contemplados expresamente en el presente **CONTRATO.**

Si cualquiera de sus cláusulas deviniera ilegal o no resultara procedente, será tenida por no puesta, sin que ello invalide o afecte en forma alguna a las restantes cláusulas y sin perjuicio de la voluntad de las partes de subsanar las cláusulas que resultaren prohibidas o no legalmente exigibles.

DECIMOSÉPTIMA.- PROTECCIÓN DE DATOS DE CARÁCTER PERSONAL. .... en cumplimiento del Reglamento (UE) 2016/679 del Parlamento Europeo y del Consejo, de 27 de abril de 2016, relativo a la protección de las personas físicas en lo que respecta al tratamiento de datos personales y a la libre circulación de estos datos y por el que se deroga la Directiva 95/46/CE (RGPD); de la Ley 34/2002, de 11 de julio, de servicios de la sociedad de la información y de comercio electrónico (LSSICE); y, de la Ley 3/2018, de 5 de diciembre, de Protección de Datos Personales y Garantía de los Derechos Digitales (LOPDGDD), le informa de que sus datos de carácter personal se incluirán en ficheros de titularidad de ...., cuya finalidad es la gestión de proveedores, clientes, realización de los servicios contratados, seguimiento comercial de clientes y otras acciones de comunicación comercial.

.... no cederá sus datos a terceros salvo requerimiento y exigencia legal o exigencia como consecuencia de la relación jurídica. Igualmente, ... le informa que no tiene previsto transferir sus datos a un tercer país u organización internacional. No obstante, podrá, en todo momento, ejercitar su derecho al acceso de sus datos personales, su rectificación o supresión, a la limitación de su tratamiento, así como el derecho a la portabilidad de los datos, en la forma legalmente prevista; esto es, mediante comunicación remitida a ...., en la dirección de correo electrónico .... adjuntando copia de su DNI/NIE/PASAPORTE.

Los datos se conservarán durante el tiempo que se mantenga la colaboración, salvo que ejercite sus derechos de control y, después, por el tiempo necesario para el cumplimiento de cualquier obligación legal o derivada de la relación jurídica preexistente.

DECIMOCTAVA.- MODIFICACIONES. Los términos del presente CONTRATO no podrán ser alterados, renunciados o modificados ni cancelados, excepto por declaración expresa por escrito de las partes contratantes. Además, las partes manifiestan que no existen declaraciones, ni compromisos verbales o escritos que no hayan sido incorporados al presente CONTRATO.

Y en prueba de conformidad con todo lo establecido en el presente CONTRATO, ambas partes lo firman en dos ejemplares, en el lugar y fecha señalados en el encabezamiento.

Fdo. EL LICENCIANTE | Fdo. EL LICENCIATARIO

Anexo I: datos de registro de la marca.

6.3. El contrato de licencia de uso de software

El contrato de licencia de uso de software es un acuerdo por el cual una parte titular o propietaria de un *software* concede una licencia a un tercero sobre los derechos de explotación del mismo a cambio del pago de un precio o canon. De esta forma, se permite utilizar el *software* a otra parte otorgando una licencia de uso, sin que se transfiera, en ningún caso, la propiedad intelectual del *software*.

El *software* o programa informático es toda aquella secuencia de instrucciones o indicaciones destinadas a ser utilizadas, directa o indirectamente, en un sistema informático para realizar una función o una tarea específica, independientemente del lenguaje de programación utilizado para su creación. Dentro de este término, se incluirían todo tipo de programas informáticos, como pueden ser los dedicados a la gestión empresarial, al diseño industrial, la organización de stocks, procesadores de texto e incluso programas ejecutados desde internet. A los mismos efectos, el término *software* comprende, también, la documentación preparatoria que será necesaria para su uso, así como el soporte en el que se facilita el mismo (pendrive, disco duro, nube, etc.) y todos los complementos necesarios para su ejecución. La licencia incluirá la documentación técnica y los manuales de uso del programa.

El contrato de licencia de uso de *software* puede ser de carácter exclusivo o no exclusivo. En el caso de que la licencia sea en exclusiva, el licenciante no podrá licenciar o ceder el uso del *software* a otra persona, teniendo así el licenciatario la facultad de explotar el *software* de forma única. Asimismo, el licenciatario estaría legitimado para perseguir las violaciones que afecten a las facultades que se le hayan concedido. Por otro lado, el *software* podrá ser transferible o no transferible. En el caso de que la licencia sea transferible, el licenciatario podrá sublicenciar o ceder de forma no exclusiva el uso del *software* a otros usuarios.

Respecto a la titularidad de los derechos, será considerado autor del *software* la persona o grupo de personas naturales que lo hayan creado, o la persona jurídica que sea contemplada como titular de los derechos en los casos expresamente previstos por la Ley de Propiedad Intelectual. Cuando se trate de una obra colectiva tendrá la consideración de autor, salvo pacto en contrario, la persona natural o jurídica que la edite y divulgue bajo su nombre. Los derechos de autor sobre un *software* que sea resultado unitario de la colaboración entre varios autores serán propiedad común y corresponderán a todos éstos en la proporción que determinen.

Las licencias de estos contratos podrán otorgarse con una duración limitada, prorrogable o indefinida. El licenciatario podrá limitar el alcance de la licencia a un territorio determinado, pero, en todo caso, hay que tener presente que, en nuestro ordenamiento, cuando falte la mención a la duración y ámbito territorial de la licencia, se entenderá limitada a un período de cinco años y al país en el que se ha otorgado.

A continuación, se acompaña modelo de contrato de licencia de uso de *software*.

Modelo de contrato de licencia de uso de software

(**Advertencia**: este modelo de contrato se acompaña a título meramente ilustrativo ya que, para la correcta formalización de un contrato de licencia de uso de software, como para la de cualquier otro, se recomienda contar con el asesoramiento de un especialista en la materia).

CONTRATO DE LICENCIA DE USO DE SOFTWARE

ENTRE

....

Y

....

En...................., a ..... de .... de 20....

REUNIDOS

De una parte, **D./DÑA.** ...., mayor de edad, con DNI número ...., en representación de la mercantil ...., con domicilio en ...., provisto de CIF número ...., en adelante, el «**LICENCIANTE**»; y,

De otra parte, **D./DÑA**................................, mayor de edad, con DNI número ...., en representación de la mercantil ...., con domicilio en ...., provisto de CIF número ...., en adelante, el «**LICENCIATARIO**».

EXPONEN

Ambas partes comparecen gozando de la necesaria capacidad jurídica y de obrar para el otorgamiento del presente **CONTRATO DE LICENCIA DE SOFTWARE**, en su propio nombre, derecho e interés, y a los fines del presente documento;

MANIFIESTAN

I. Que el **LICENCIANTE** está especializada en el desarrollo, fabricación y venta de hardware y software especializado en el mercado de ...., posee conocimientos técnicos, comerciales y el *know-how* en dichos campos.

II. Que, en relación con su actividad, el **LICENCIANTE** es el titular de los derechos de explotación del siguiente SOFTWARE: .... con las siguientes características: .... (en adelante, el «SOFTWARE»).

III. Que el **LICENCIATARIO** está interesado en el uso del SOFTWARE para el desarrollo de su actividad principal de ....

IV. Que ambas Partes han acordado proceder a la firma del presente **CONTRATO DE LICENCIA DE SOFTWARE** (en adelante, el «CONTRATO») con sujeción a las siguientes;

CLÁUSULAS

PRIMERA.- OBJETO DEL CONTRATO. Mediante el presente CONTRATO, el **LICENCIANTE** se compromete a conceder, de forma no exclusiva e intransferible, en favor del **LICENCIATARIO**, una licencia sobre los derechos de uso y explotación del SOFTWARE.

El **LICENCIATARIO** como persona jurídica, está interesado en utilizar el SOFTWARE comprometiéndose a poner los medios necesarios para poder explotar el SOFTWARE en consonancia con la finalidad de la licencia.

SEGUNDA.- CONTENIDO DE LA LICENCIA. El **LICENCIATARIO** podrá llevar a cabo las siguientes actividades en relación con el SOFTWARE:

a) La realización de las copias de seguridad necesarias para su correcta utilización.

b) El estudio u observación de su funcionamiento, con el fin de determinar las ideas y principios implícitos en cualquier elemento del programa.

c) La reproducción del código y su traducción para obtener la información necesaria con el fin de permitir su interoperabilidad con otros programas informáticos o SOFTWARE del **LICENCIATARIO**.

d) No se podrá utilizar esta adaptación del SOFTWARE para el desarrollo, producción o comercialización de un programa sustancialmente similar al SOFTWARE, o para cualquier otro acto que pueda dar lugar a una infracción de los derechos de propiedad intelectual del **LICENCIANTE**.

e) El **LICENCIATARIO** necesitará una autorización previa por escrito del **LICENCIANTE** para la realización de versiones sucesivas del SOFTWARE o de programas derivados del mismo.

TERCERA.- PRECIO Y FORMA DE PAGO. Las partes acuerdan el pago de una cantidad ascendiente .... € como remuneración de la licencia, sin incluir los impuestos que pudieran derivar de esta operación.

El pago del precio se realiza por transferencia bancaria, debiendo hacerse constar los datos de la entidad, así como el número de cuenta en el que se abonará el precio convenido.

En caso de que el **LICENCIATARIO** se retrase en el pago del precio convenido más de .... días, estará obligado además a abonar un interés de .... % de la cantidad adeudada.

La falta de pago del precio por el **LICENCIATARIO** durante más de ...... meses faculta al **LICENCIANTE** para la denuncia y resolución del CONTRATO.

EL **LICENCIANTE** emitirá una factura al **LICENCIATARIO** cumpliendo con los requisitos legales necesarios y dentro de los plazos previstos en la legislación actual.

CUARTA.- TITULARIDAD DEL SOFTWARE. A los efectos oportunos, el **LICENCIANTE** es el titular de los derechos de explotación del SOFTWARE. En virtud de ello, el **LICENCIANTE** se compromete a:

a) Exonerar al **LICENCIATARIO** de toda responsabilidad frente a terceros que aleguen una posible violación de sus derechos de propiedad intelectual sobre el SOFTWARE.

b) Mantener informado al **LICENCIATARIO** de todos los posibles usos fraudulentos de los derechos de propiedad intelectual sobre el SOFTWARE que hayan podido realizar terceros, comprometiéndose a adoptar las medidas necesarias para garantizar su protección y el correcto uso del SOFTWARE.

QUINTA.- SOPORTE DEL SOFTWARE. El **LICENCIANTE** entregará el SOFTWARE junto a todos los elementos necesarios para permitir su uso correcto de acuerdo a su finalidad.

El **LICENCIANTE** pondrá a disposición del **LICENCIATARIO** los servicios de un miembro de su personal totalmente cualificado y con experiencia, de forma no exclusiva y desde las instalaciones del **LICENCIANTE**, para asesorar al LICENCIATARIO sobre el uso del SOFTWARE. Dicha asistencia estará sujeta a los acuerdos de las partes.

SEXTA.- ÁMBITO TERRITORIAL. El **LICENCIANTE** autoriza al **LICENCIATARIO** a utilizar la marca, objeto del presente **CONTRATO** de **SOFTWARE**, en todo el territorio de ....

SÉPTIMA.- DURACIÓN DEL CONTRATO. El presente CONTRATO tendrá una duración inicial de ...., desplegando sus efectos desde la fecha de la firma del CONTRATO, siendo renovable tácitamente por periodos de tiempo iguales, mediante acuerdo escrito de ambas partes, salvo que sea denunciado por cualquiera de las partes, mediante notificación por escrito que garantice confirmación de recepción, con una antelación mínima de .... días/meses a su vencimiento, o de cualquiera de sus prórrogas.

OCTAVA.- RESOLUCIÓN DEL CONTRATO. Cualquiera de las partes podrá resolver este CONTRATO mediante notificación por escrito que garantice confirmación de recepción, en caso de incumplimiento grave por la otra parte de sus obligaciones contractuales o en caso de circunstancias excepcionales que justifiquen una resolución anticipada.

El presente CONTRATO podrá resolverse anticipadamente, entre otras, por las siguientes causas:

a) Por expresa voluntad del **LICENCIANTE**, cuando medie incumplimiento grave de las obligaciones del **LICENCIATARIO**, especialmente las que se refieren a condiciones de uso de la licencia y protección de la propiedad intelectual del **LICENCIANTE**.

b) Por falta de pago de cualquiera de las tarifas estipuladas en el presente CONTRATO.

c) Por la extinción de la personalidad jurídica del **LICENCIATARIO** o por su declaración judicial de concurso, o cualquier situación que evidencie una situación de insolvencia presente o futura del **LICENCIATARIO**.

En caso de vencimiento o terminación de este Acuerdo, cualquiera que sea su origen, cesarán todos los derechos y licencias con efecto inmediato, debiendo el **LICENCIATARIO** cesar toda explotación del SOFTWARE con Licencia y devolver inmediatamente a cualquier elemento objeto de Licencia, así como todo el material técnico y promocional y todas las copias de dichos materiales.

NOVENA.- DERECHOS DE PROPIEDAD INTELECTUAL E INDUSTRIAL. El **LICENCIATARIO** reconoce la propiedad intelectual y los derechos de propiedad del **LICENCIANTE**. El **LICENCIATARIO** no obtendrá ningún derecho sobre la información ni sobre los derechos de propiedad intelectual del **LICENCIANTE**, excepto lo expresamente otorgado por este Acuerdo; y no registrará ni intentará registrar ningún derecho de propiedad intelectual relacionado con el SOFTWARE en ninguna jurisdicción.

El **LICENCIATARIO** deberá notificar de inmediato por escrito al **LICENCIANTE** si tiene conocimiento de cualquier infracción, o sospecha de infracción, de cualquiera de los términos de este Acuerdo, incluido el uso del SOFTWARE con Licencia, o cualquiera de los Derechos de propiedad intelectual del **LICENCIANTE**; así como cualquier reclamación, o advertencia, de que el SOFTWARE licenciado o los derechos de propiedad intelectual del **LICENCIANTE** infringen los derechos de un tercero.

DÉCIMA.- MEJORAS Y DESCUBRIMIENTOS. En caso de que alguna Parte descubra, idee o adquiera derechos en cualquier mejora (en la medida en que no esté prohibida por ley), será y seguirá siendo propiedad exclusiva del **LICENCIANTE**, siendo titularidad del **LICENCIANTE** desde el momento en el que se efectúe la mejora o el descubrimiento, que deberá de ser comunicado al **LICENCIANTE**. La mejora se considerará parte de la información confidencial del **LICENCIANTE**, teniendo dicho tratamiento a todos los efectos. El **LICENCIANTE**, a su exclusivo criterio, podrá usar y/o divulgar dicha mejora a cualquier tercero en cualquier momento.

UNDÉCIMA.- CONFIDENCIALIDAD. Las partes se comprometen a mantener bajo secreto y a mantener confidencialidad durante la vigencia del CONTRATO y con posterioridad al mismo, toda información obtenida en el contexto del mismo, entendiéndose por información confidencial, el contenido del presente CONTRATO y sus ANEXOS, y toda la información o documentos relativos a las operaciones realizadas, a las bonificaciones, descuentos practicados o al *know-how*, que cualquiera de las partes hubiera podido conocer de la otra en virtud del presente CONTRATO, sus ANEXOS y sus posibles renovaciones.

DUODÉCIMA.- NOTIFICACIONES. Cualquier notificación requerida bajo el CONTRATO deberá hacerse por escrito, mediante correo certificado, correo electrónico, o comunicación escrita privada siempre que se asegure la constancia del envío y recepción, dirigida a las direcciones que se señalan en el presente CONTRATO. Cada parte podrá, mediante notificación a la otra, cambiar su domicilio para recibir dichas notificaciones.

DECIMOTERCERA.- SUBSISTENCIA DE LAS OBLIGACIONES. La rescisión o terminación de este CONTRATO no afecta de manera alguna a la validez y exigibilidad de las obligaciones contraídas con anterioridad, o de aquellas ya formadas que, por su naturaleza o disposición de la ley, o por voluntad de las partes, deben diferirse a fecha posterior, en consecuencia, las partes podrán exigir, aún con posterioridad a la rescisión o terminación del CONTRATO, el cumplimiento de estas obligaciones.

DECIMOCUARTA.- ANEXOS. Todos los ANEXOS del presente CONTRATO, así como todos los suscritos en el marco del mismo, se considerarán en todo su contenido, como parte integrante del CONTRATO a todos los efectos.

DECIMOQUINTA.- RESOLUCIÓN DE CONTROVERSIAS Y DETERMINACIÓN DE LA LEY APLICABLE. En caso de discrepancia en torno a la validez, ejecución o interpretación de este CONTRATO las partes se comprometen a resolverlo de forma amistosa. No obstante, en el caso que las partes no lleguen a un acuerdo mediante negociación, las partes intervinientes acuerdan que todo litigio, discrepancia, cuestión o reclamación resultantes de la ejecución o interpretación del presente contrato o relacionados con él, directa o indirectamente, se resolverán definitivamente mediante arbitraje en el marco de la Corte de Arbitraje de ...., con sede en .... (...............), a la que se encomienda la administración del arbitraje y la designación de los árbitros, de acuerdo con su Reglamento y Estatutos, debiéndose resolver el litigio de acuerdo con la ley española.

DECIMOSEXTA.- CONTENIDO ÍNTEGRO. Las partes acuerdan que este CONTRATO constituye la expresión completa y exclusiva de lo convenido entre ellas y que sustituye cualquier contrato y acuerdos anteriores, caso de haberlos, de forma y manera que el presente documento se convierte en la única y vigente manifestación de sus voluntades recíprocas, sin perjuicio de aplicación supletoria de las normas generales del ordenamiento jurídico español para los casos no contemplados expresamente en el presente CONTRATO.

Si cualquiera de sus cláusulas deviniera ilegal o no resultara procedente, será tenida por no puesta, sin que ello invalide o afecte en forma alguna a las restantes cláusulas y sin perjuicio de la voluntad de las partes de subsanar las cláusulas que resultaren prohibidas o no legalmente exigibles.

DECIMOSÉPTIMA.- PROTECCIÓN DE DATOS DE CARÁCTER PERSONAL. .... en cumplimiento del Reglamento (UE) 2016/679 del Parlamento Europeo y del Consejo, de 27 de abril de 2016, relativo a la protección de las personas físicas en lo que respecta al tratamiento de datos personales y a la libre circulación de estos datos y por el que se deroga la Directiva 95/46/CE (RGPD); de la Ley 34/2002, de 11 de julio, de servicios de la sociedad de la información y de comercio electrónico (LSSICE); y, de la Ley 3/2018, de 5 de diciembre, de Protección de Datos Personales y Garantía de los Derechos Digitales (LOPDGDD), le informa de que sus datos de carácter personal se incluirán en ficheros de titularidad de ...., cuya finalidad es la gestión de proveedores, clientes, realización de los servicios contratados, seguimiento comercial de clientes y otras acciones de comunicación comercial.

.... no cederá sus datos a terceros salvo requerimiento y exigencia legal o exigencia como consecuencia de la relación jurídica. Igualmente, ... le informa que no tiene previsto transferir sus datos a un tercer país u organización internacional. No obstante, podrá, en todo momento, ejercitar su derecho al acceso de sus datos personales, su rectificación o supresión, a la limitación de su tratamiento, así como el derecho a la portabilidad de los datos, en la forma legalmente prevista; esto es, mediante comunicación remitida a ...., en la dirección de correo electrónico ...., adjuntando copia de su DNI/NIE/PASAPORTE.

Los datos se conservarán durante el tiempo que se mantenga la colaboración, salvo que ejercite sus derechos de control y, después, por el tiempo necesario para el cumplimiento de cualquier obligación legal o derivada de la relación jurídica preexistente.

DECIMOCTAVA.- MODIFICACIONES. Los términos del presente CONTRATO no podrán ser alterados, renunciados o modificados ni cancelados, excepto por declaración expresa por escrito de las partes contratantes. Además, las partes manifiestan que no existen declaraciones, ni compromisos verbales o escritos que no hayan sido incorporados al presente CONTRATO.

Y, en prueba de conformidad con todo lo establecido en el presente CONTRATO, ambas partes lo firman en dos ejemplares, en el lugar y fecha señalados en el encabezamiento.

Fdo. EL LICENCIANTE | Fdo. EL LICENCIATARIO

BIBLIOGRAFÍA CONSULTADA Y RECOMENDADA

MANUALES, MONOGRAFÍAS Y TEXTOS LEGALES

AGUILAR GRIEDER, Hilda, *La protección del agente en el Derecho comercial europeo*, Editorial COLEX, Madrid, 2007.

ALTOZANO GARCÍA-FIGUERAS, Hermenegildo, *Cómo negociar acuerdos de Joint venture y otros contratos internacionales*, ICEX, Madrid, 2003.

BESCÓS TORRES, Modesto, *Contratos internacionales. Manual práctico*, ESIC, Madrid, 1993.

BESCÓS TORRES, Modesto, *La contratación internacional*, ICEX, Madrid, 2005.

BROSETA PONT, M. Y MARTÍNEZ SANZ, F. *Manual de Derecho Mercantil Volumen II*, *Contratos mercantiles, Derecho de los Títulos Valores, Derecho Concursal*, Tecnos, 24.ª Edición, Madrid, 2017.

CALVO CARAVACA, A. Y CARRASCOSA GONZÁLEZ, J., *Unidroit y la Codificación Internacional del Derecho Privado*, Tirant Lo Blanch, Valencia, 2020.

CALVO CARAVACA, A-L., *El Reglamento Roma I sobre la Ley aplicable a las obligaciones contractuales: cuestiones escogidas, CDT*, Vol. I, N.º 2, 2009.

CALVO CARAVACA, Alfonso Luis Y CARRASCOSA GONZÁLEZ, Javier (Dirs.), *El Tribunal Supremo y el Derecho Internacional Privado*, Volumen 1, Colección «Derecho y Letras», Número 1, Rapid Centro Color, S.L., Murcia, 2019.

CALVO CARAVACA, ALFONSO-LUIS Y CARRASCOSA GONZÁLEZ, JAVIER, *Curso de contratación internacional*, COLEX, Madrid, 2003.

CALVO CARAVACA, ALFONSO-LUIS Y FERNÁNDEZ DE LA GÁNDARA, Luis, *Contratos internacionales*, TECNOS, Madrid, 1997.

CÁMARA DE COMERCIO INTERNACIONAL, «Modelo de la CCI de Contrato de Agencia Comercial», Publicación núm. 496 de la *CCI* en versión española e inglesa, presentada por el Comité Español de la CCI, Barcelona, 1995.

CANO RICO, José Ramón, *Manual práctico de contratación mercantil*, 5.ª edición, TECNOS, Madrid, 2002.

CANTOS, Manuel, *Introducción al comercio internacional*, EDHASA, Barcelona, 1998.

CARRASCOSA GONZÁLEZ, Javier, *La redacción de los contratos internacionales*, Editorial COLEX, Madrid, 2011.

CARRILLO POZO, L. F., «Tratamiento de las leyes de policía de terceros Estados. (A propósito de la sentencia del TJUE de 18 de octubre de 2016)», Rev. *Bitácora Millennium DIPr/n.º 5*, 2017.

DE JUAN VIGARAY, M.ª D. (2001), «La Franquicia paso a paso: tratamiento y aspectos relevantes» [en línea] *5campus. com, Marketing* http://www.5campus.com/leccion/franqui3 [fecha de consulta: 3 de agosto de 2009].

DE LA IGLESIA MONJE, M.ª Isabel, *El Principio de conformidad del contrato en la compraventa internacional de mercaderías*, Centro de Estudios Registrales, Madrid, 2002.

DÍEZ VERGARA, Marta, *Manual práctico de comercio internacional*, 5.ª edición, DEUSTO, Madrid, 2001.

Díez-Picazo y Ponce de León, Luis (Dir. y Coord.), *La compraventa internacional de mercaderías. Comentario de la Convención de Viena*, CIVITAS, Madrid, 1998.

Echarri Ardanaz, Alberto, Pendás Aguirre, Ángel y de Quintana Sanz-Pastor, Ana, *Joint venture*, FC EDITORIAL, Madrid, 2002.

Esplugues Mota, Carlos (Dir.), Palao Moreno, Guillermo, Espinosa Calabuig, Rosario y Fernández Masiá, Enrique, *Derecho del Comercio Internacional*, TIRANT LO BLANCH, Valencia, 2003.

Esteban de la Rosa, Fernando, *La joint venture en el comercio internacional*, COMARES, Granada, 1999.

Estévez Tur, Neus, *La contratación del Agente Comercial en España y dentro de la UE*, BOSCH, Barcelona, 2007.

Fernández Rozas, José Carlos (Editor), *Derecho del Comercio internacional*, Editorial EUROLEX, Madrid, 1996.

Fernández Seijo, J. M.ª, «Contrato de agencia, distribución y franquicia», *Cuadernos de Derecho Judicial XXI-2006*, Consejo General del Poder Judicial, Madrid, 2006.

Gadea Soler, Enrique y Sacristán Bergia, Fernando, *El contrato de agencia. La Ley 12/1992 en la jurisprudencia*, LA LEY, Madrid, 2010.

Gallego Sánchez, E., *Contratación Mercantil*, Tirant lo Blanch, Valencia, 2003.

García Herrera, A., *El Impacto del Tiempo en los Contratos de Franquicia y Distribución Exclusiva*, Tirant lo Blanch, Valencia, 2008.

Guardiola Sacarrera, E., *Contratos de Colaboración en el Comercio Internacional*, Barcelona, Bosch Casa Editorial, S.A., 1.ª Ed. 1998.

Guardiola Sacarrero, Enrique, *Contratos de colaboración en el comercio internacional*, 2.ª edición, BOSCH EDITORIAL, S. A., Barcelona, 2004.

HERNÁNDEZ MUÑOZ, Lázaro, *Los riesgos y su cobertura en el comercio internacional*, FC Editorial, Madrid, 2003.

JIMÉNEZ SÁNCHEZ, G. J. Y DÍAZ MORENO, A (Coords.)., *Derecho Mercantil,* VOL V Contratación Mercantil 15.ª ED., Marcial Pons, Madrid, 2013.

LLAMAZARES GARCÍA LOMAS, Olegario, *Cómo seleccionar un agente comercial en el exterior*, 2.ª edición, ICEX, Madrid, 2004.

LLAMAZARES GARCÍA-LOMAS, Olegario y ORTEGA GIMÉNEZ, Alfonso, *Selección y contratación de distribuidores en el exterior*, Instituto Español de Comercio Exterior (ICEX), Madrid, 2008.

MARTÍ MIRAVALLS, J., *El contrato de Máster franquicia,* Aranzadi, Pamplona, 2009.

MARTÍN TRILLA, E. Y ECHARRI ARDANAZ, A. *La franquicia. Aplicación práctica y jurídica*, Aranzadi, Navarra, 2000.

MEDINA DE LEMUS, Manuel, *Contratos de Comercio Exterior*, Dykinson, Madrid, 1998.

MEDINA DE LEMUS, Manuel, *Contratos de comercio exterior (Doctrina y Formularios)*, 2.ª edición, DYKINSON, Madrid, 2000.

MEDINA DE LEMUS, Manuel, *Práctica de Contratación Internacional*, CÁMARA OFICIAL DE COMERCIO E INDUSTRIA DE MADRID, Madrid, 2002.

MEDRÁN VIOQUE, Rafael (Coord.), ORTEGA GIMÉNEZ, Alfonso y otros, *Manual práctico de contratación internacional*, Difusión Jurídica y Temas de Actualidad, Madrid, 2007.

MORALEJO MENÉNDEZ, I., *Los contratos de distribución en las propuestas armonizadoras del Título: derecho contractual europeo. Repercusiones en el derecho español y en la práctica contractual*, Tirant Lo Blanch, Valencia, 2015.

NIETO CHURRUCA, Ana y LLAMAZARES GARCÍA-LOMAS, Olegario, *Marketing internacional*, EDICIONES PIRÁMIDE, Madrid, 1998.

NÚÑEZ DE DIOS, Felipe, *Gestión de riesgos en la empresa internacional*, Global Marketing Strategies, Madrid, 2010.

ORTEGA GIMÉNEZ, Alfonso; HEREDIA SÁNCHEZ, Lerdys y LORENTE MARTÍNEZ, Isabel, *Materiales de Derecho Internacional Privado para el Grado en Derecho*, 2.ª edición, Economist & Jurist, Difusión Jurídica, Madrid, 2020.

ORTEGA GIMÉNEZ, Alfonso, *INCOTERMS 2020 y Compraventa Internacional de mercaderías: teoría y práctica*, Thomson Reuters, Editorial Aranzadi, Cizur Menor (Navarra), julio 2020.

ORTEGA GIMÉNEZ, Alfonso, *La nueva Lex Mercatoria: el valor jurídico de los incoterms en la jurisprudencia española*, Editorial Thomson Reuters Aranzadi, Cizur Menor (Navarra), 2019.

ORTEGA GIMÉNEZ, Alfonso, *¿Cómo elaborar un plan de internacionalización empresarial?*, Colección Cuadernos de Internacionalización, Formación Alcalá S.L., Alcalá de la Real, enero, 2019.

ORTEGA GIMÉNEZ, Alfonso, *Smarts Contracts y Derecho Internacional Privado*, Editorial Thomson Reuters Aranzadi, Cizur Menor (Navarra), 2019.

ORTEGA GIMÉNEZ, Alfonso, *Contratación Internacional de agentes comerciales*, Formación Alcalá S.L, Alcalá de la Real (Jaén), 2018.

ORTEGA GIMÉNEZ, Alfonso (Dir.), *Comercio Exterior, Curso Práctico*, Editorial Thomson Reuters Aranzadi, Cizur Menor (Navarra), 2017.

ORTEGA GIMÉNEZ, Alfonso, *Los contratos de Colaboración en el Comercio Internacional*, UniAcademia Leyer, Bogotá, 2016.

ORTEGA GIMÉNEZ, Alfonso, *Los contratos de colaboración en el comercio internacional (Agencia comercial, distribución comercial, franquicia y joint venture internacional)*, LEYER, Bogotá D. C. - Colombia, 2016.

ORTEGA GIMÉNEZ, Alfonso y ESPINOSA PIEDECAUSA, José Luis, *Plan de internacionalización empresarial. Manual práctico*, ESIC, Madrid, 2015.

ORTEGA GIMÉNEZ, Alfonso, *Guía práctica de contratación internacional*, 3.ª edición, ESIC, Madrid, 2014.

ORTEGA GIMÉNEZ, Alfonso, *Contratación Internacional Práctica, como evitar los «Riesgos Contractuales» en el Comercio Internacional*, Publicaciones, Madrid, 2013.

ORTEGA GIMÉNEZ, Alfonso (Coord.) y otros, *Claves del* éxito *en el comercio exterior*, Editorial Tirant lo Blanch, Valencia, 2013.

ORTEGA GIMÉNEZ, Alfonso, *Contratación internacional práctica. Cómo evitar los «riesgos contractuales» en el comercio internacional*, Instituto Español de Comercio Exterior (ICEX), Madrid, 2013.

ORTEGA GIMÉNEZ, Alfonso, *Contratación internacional de agentes comerciales*, Instituto Español de Comercio Exterior (ICEX), Madrid, 2012.

ORTEGA GIMÉNEZ, Alfonso, *Guía práctica de contratación internacional*, ESIC, 2.ª Edición, Madrid, 2011.

ORTEGA GIMÉNEZ, Alfonso y GÓMEZ BERENGUER, Pablo O., *Cómo acceder a los mercados exteriores*, Creaciones Copyright, Madrid, 2010.

ORTEGA GIMÉNEZ, Alfonso y GONZÁLEZ MARTÍNEZ, José Antonio, *Código Básico de Contratación Internacional*, Difusión Jurídica y Temas de Actualidad, Madrid, 2010.

ORTEGA GIMÉNEZ, Alfonso, *El contrato de franquicia internacional, hacia la idea global de la empresa.* Instituto Español de Comercio Exterior (ICEX), Madrid, septiembre 2010.

ORTEGA GIMÉNEZ, Alfonso, *Guía práctica de contratación internacional*, ESIC, Madrid, 2009.

ORTEGA GIMÉNEZ, Alfonso y MEDRÁN VIOQUE, Rafael (Coords.), y otros, *Manual práctico de comercio exte-*

rior, Difusión Jurídica y Temas de Actualidad, Madrid, 2008.

ORTEGA GIMÉNEZ, Alfonso, *El contrato de compraventa internacional de mercaderías*, Instituto Español de Comercio Exterior (ICEX), Madrid, 2008.

ORTEGA GIMÉNEZ, Alfonso, *Modelos de contratos internacionales*, Difusión Jurídica y Temas de Actualidad, Madrid, 2007.

ORTEGA GIMÉNEZ, Alfonso, *El contrato de joint venture internacional*, Instituto Español de Comercio Exterior (ICEX), Madrid, 2006.

PENADÉS FONS, M., *Elección tácita de ley en los contratos internacionales*, Aranzadi, Pamplona, 2012.

PETIT LAVALL, M.ª V. (Coord.), *Estudios de Derecho Mercantil. Liber Amicorum Profesor Dr. Francisco Vicent Chuliá*, Tirant lo Blanch, Valencia, 2013.

PINO BARREDA, R., OFICINA ECONÓMICA Y COMERCIAL DE ESPAÑA EN MIAMI, *Resumen ejecutivo. El mercado de las franquicias en Estados Unidos 2017,* ICEX, 2017.

QUINTÁNS EIRAS, María Rocío, *Delimitación de la Agencia Mercantil en los contratos de colaboración*, EDERSA, Madrid, 2000.

ROUSE, Raïssa, *Guía práctica: redacción de contratos en inglés*, 2.ª edición, HISPALEX, Sevilla, 2011.

RUBIO SANZ, José (Dir.) y otros, *Gestión del cobro de las operaciones de venta internacional*, 2.ª edición, Editorial Club Universitario, Alicante, 2008.

RUBIO SANZ, José (Dir.), ORTEGA GIMÉNEZ, Alfonso y otros, *Gestión del cobro de las operaciones de venta internacional*, Editorial Club Universitario, Alicante, 2005.

RUIZ RICO-RUIZ, C., *El Contrato de Franquicia y sus Límites Jurídicos. Problemática Actual*, Tirant Lo Blanch, Valencia, 2008.

SÁNCHEZ LORENZO, Síxto (Coord.), *Cláusulas en los contratos internacionales. Redacción y análisis*, ATELIER, Barcelona, 2012.

SORIA FERRANDO, José V., *El agente de comercio*, TIRANT LO BLANCH, Valencia, 1996.

TANGANELLI I BERNADES, David, *Joint ventures internacionales entre pymes de la Unión Europea*, THOMSON CIVITAS, Madrid, 2004.

VÁZQUEZ ALBERT, D. (DIR.), *Los Contratos de Distribución Comercial, Novedades Legislativas y Jurisprudenciales*, Tirant lo Blanch, Valencia, 2010.

VIGURI PEREA, Agustín, *Los contratos comerciales internacionales: análisis de la compraventa desde la perspectiva del derecho comparado (Derecho español, Derecho norteamericano, Principios Unidroit y Convención de Viena)*, FUNDACIÓN REGISTRAL, Colegio de Registradores de la Propiedad y Mercantiles de España, Madrid, 2007.

VV. AA., *Guía UNIDROIT de franquicia*, Instituto Internacional para la Unificación del Derecho Privado (UNIDROIT), Roma, 2005.

VV. AA., *Curso superior: Estrategia y gestión del comercio exterior*, 2.ª edición, ICEX, Madrid, 2005.

ARTÍCULOS EN REVISTAS

CALVO CARAVACA, Alfonso Luis y **CARRASCOSA GONZÁLEZ**, Javier, «Contratos internacionales I: cómo redactar un contrato internacional», en *Temas de Derecho Internacional,* www.vlex.com, 2002.

CAMPA, José Manuel, «El arbitraje para la resolución de disputas empresariales», en *El reto de mejorar la gestión financiera*, La Gaceta de los Negocios, Madrid, 2005, pp. 1-23.

IRIBARREN, Carlos, «La solución de conflictos en un contrato internacional ¿tribunales o arbitraje? (I) y (II)», en www.reexporta.com, 2003.

ORTEGA GIMÉNEZ, Alfonso, «Contrato de franquicia internacional en una docena de países», en *Revista Franquicias hoy*, número 160, Marketing y publicidad de franquicias, S.L., Madrid, abril 2010, pp. 73-84.

ORTEGA GIMÉNEZ, Alfonso, «El contrato de agencia comercial internacional», en *IURIS. Actualidad y Práctica del Derecho*, Número 120, La Ley, Madrid, octubre 2007, pp. 50-57 y 71-74.

ORTEGA GIMÉNEZ, Alfonso, «El contrato de compraventa internacional de mercaderías», en *IURIS. Actualidad y Práctica del Derecho*, Número 119, La Ley, Madrid, septiembre 2007, pp. 46-55 y 70-73.

ORTEGA GIMÉNEZ, Alfonso, «El contrato de concesión o distribución comercial internacional», en *IURIS. Actualidad y Práctica del Derecho*, Número 128, La Ley, Madrid, junio 2008, pp. 55-60 y 72-75.

ORTEGA GIMÉNEZ, Alfonso, «El contrato de franquicia internacional», en *IURIS. Actualidad y Práctica del Derecho*, Número 130, La Ley, Madrid, 2008, pp. 44-50.

ORTEGA GIMÉNEZ, Alfonso, «El contrato de investigación y desarrollo internacional», en *IURIS. Actualidad y Práctica del Derecho*, Número 133, La Ley, Madrid, diciembre 2008, pp. 58-61 y 74-75.

ORTEGA GIMÉNEZ, Alfonso, «El contrato de *Joint Venture* internacional», en *Revista Economist & Jurist*, Número 112, Difusión Jurídica, Barcelona, julio-agosto 2007, pp. 18-28.

ORTEGA GIMÉNEZ, Alfonso, «Elementos básicos de la contratación internacional», en *IURIS. Actualidad y Práctica del Derecho*, Número 118, La Ley, Madrid, Julio-agosto 2007, pp. 46-54 y 71-75.

ORTEGA GIMÉNEZ, Alfonso, «El valor jurídico del INCOTERM "EXW", a propósito del auto de la Audiencia Provincial de Oviedo, de 27 de junio de 2019», en *Cuadernos de Derecho Transnacional*, Vol. 12, n.º 1, Área de Derecho Internacional Privado, Universidad Carlos III de Madrid, Getafe (Madrid), marzo 2020, pp. 645-656.

ORTEGA GIMÉNEZ, Alfonso, «Los "contratos inteligentes" (Smart Contracts) … ni son "contratos" ni son "inteligentes"», (https://elderecho.com/los-contratos-inteligentes-smart-contracts-contratos-inteligentes), en *Revista Digital EL DERECHO.COM*, Lefebvre Inteligencia Jurídica, Madrid, 24 de junio de 2020.

ORTEGA GIMÉNEZ, Alfonso, «Los incoterms en la jurisprudencia española», en *CEFLegal Revista Práctica de Derecho*, número 230, Centro de Estudios Financieros, marzo 2020, pp. 39-64.

ORTEGA GIMÉNEZ, Alfonso, «Formas de implantación empresarial en China: la *joint-venture*», en *Boletín Económico del ICE*, número 2980, Ministerio de Industria, Comercio y Turismo, Secretaría de Estado de Comercio, Madrid, del 1 al 15 de enero de 2010, pp.13-25.

ORTEGA GIMÉNEZ, Alfonso, «Tratos con contrato», en *EL EXPORTADOR*, Revista para la internacionalización, n.º 169, ICEX España Exportación e Inversiones, Madrid, febrero 2013, pp.130-147.

ORTEGA GIMÉNEZ, Alfonso, «Vías de colaboración en el comercio internacional: el contrato de *joint venture*», en *IURIS. Actualidad y Práctica del Derecho*, Número 137, La Ley, Madrid, abril 2009, pp. 51-55 y 77-79.

PERALES VISCASILLAS, M.ª del Pilar, «El contrato de compraventa internacional de mercaderías (Convención de Viena de 1980)», en *Pace Law School Institute of International Commercial Law*, 2002.